나의 가치를
높여주는
대화법

나의
가치를
놓여주는

100쇄
기념
에디션

대화법

안은표 지음

말로 나의 가치를 전달하라!

우리는 사람들과 함께 어울려 살아가면서 의사소통을 위해 대화를 한다. 인간은 공동체, 즉 사회를 떠나서는 살 수 없기 때문에 세상이 아무리 급변한다 해도 좋든 싫든 타인과 대화를 나누며 살아가게 마련이다. 그렇다면 오늘날 우리들 사이에서 이루어지고 있는 대화는 상호 소통의 역할을 제대로 하고 있는 것일까?

누구든 대화 없이는 한 사회의 구성원으로서 제 역할을 다할 수 없다. 인간의 존재 가치는 공동사회 속에서 결정되는 것이므로, 사적으로나 혹은 공적으로 대화가 원활하게 이루어지지 않으면 관계가 정상적으로 유지되기 힘들고, 파괴된 관계 속에서 진정한 인간의 면모를 갖출 수 없기 때문이다.

현대 사회의 가장 심각한 문제 중 하나가 바로 이 대화의 상실, 즉 대화의 부재이다. 수많은 낱말들이 허공에 떠돌고 고성이 난무하지만, 그것들은 모두 메아리가 되어 자신에게 되돌아올 뿐, 상대에게는 가 닿지 않는다. 그들은 각자 자신의 주장만을 내세울 뿐 상대방의 이야기는 전혀 들으려고 하지 않는다. 들을 줄은 모르고 말할 줄만 아는 것, 이것이 곧 갈등을 일으키고 결국 욕설과 폭력을 불러일으키는 원인이 된다. 이와 같이 대화가 실종된 사회는 비인간적 갈등 상황을 여실히 드러낸다.

이렇듯 대화는 교육적으로나 현실적으로 매우 중요한 의미를 지닌다. 올바른 대화법을 익히는 것은 단순한 의사 표현이나 의사 전달 방법을 배우는 것이 아니라, 올바른 가치관과 사회성을 형성하고 더 나아가 건전한 사회를 만드는 첫걸음이기 때문이다.

톨스토이는 "말이 적으면 적을수록 기쁨은 더 커진다."고 했다. 또 우리 옛말에 "세 치 혀가 다섯 자의 사람을 죽이기도 하고 살리기도 한다."는 말이 있다. 이것은 서로 다른 이야기를 하는 것 같지만, 신중하고 조심스럽게 말하는 것이 훌륭한 대화의 시작이라는 뜻에서는 일치한다. 즉, 말의 어려움과 대화의 중요성을 강조하고 있는 것이다.

현대 사회를 '대화의 시대' 또는 '협상의 시대'라 규정하듯, 말은 더 이상 단순한 의사 전달이나 소통만을 위한 방편이 아니다. 말하는 사람의 감정과 사상을 나타내는 중요한 자기표현 수단인 말은 그 사람의 인격과 능력, 즉 가치를 결정한다. 더 나아가 성공을 꿈꾸는 현대인에게 화술은 필수적인 생존 무기이다.

필자가 이 책을 내게 된 것은 대화의 어려움을 호소하는 사람들을 많이 접하면서 조금이나마 그들에게 도움이 될 수 있었으면 하는 바람이 간절했기 때문이다. 오늘날 정치·경제·외교 등 사회 각 분야에서 화술의 역할은 절대적이다. 일반적인 인간 관계에 있어서도 화술의 역할은 아주 중요하다. 필자는 이 책에서 사람들이 깨닫지 못하는 대화의 중요성을 강조하고자 노력하였다. 그리고 부족하지만 나 자신의 경험과 연구·분석의 결과를 토대로 성공적인 대화법을 제시하고자 했다.

따라서 이 책이 올바른 인간관계 형성과 많은 관계 맺음 속에서 자신의 가치를 높이고 이미지를 업그레이드시키며, 더 나아가 성공을 꿈꾸는 현대인에게 유용한 화술 지침서가 되기를 희망한다. 아무쪼록 독자 여러분이 이 책을 통해 성공하는 삶, 가치 있는 삶을 사는 데 많은 도움을 얻을 수 있기를 바란다.

안은표

차례

CHAPTER 3 인간관계를 좋게 하는 직장인의 대화법

CHAPTER 4 성공적인 세일즈를 위한 대화법

CHAPTER 5 위트와 유머로 센스 있는 사람이 되는 방법

세련된 화법은
듣는 것으로부터 출발한다.

셰익스피어

CHAPTER

1

첫 만남을
성공적으로
이끄는 대화법

1

상대방의 성격을 먼저 파악하라!

　아무리 까다로운 상대와 대면하더라도 상대방의 의중을 정확하게 파악하면 대화를 유리하게 이끌어 갈 수 있다. 반대로 상대의 심리를 간파하지 못하면 대화는 난관에 봉착하게 될 것이다.

　예를 들어, 감정적인 반감을 가지고 있는 상대에게 논리적인 설득을 되풀이하는 것은 무의미한 일이다. 이런 경우에는 논리적인 설득보다는 감정에 호소하는 편이 상대의 마음을 여는 데 효과적이다.

　성공한 이들의 말을 들어보면, 한결같이 사람들의 감정을 섬세하게 살필 줄 알았기 때문에 성공할 수 있었다고 한다.

어느 레스토랑은 50대 중반의 여주인이 손님을 맞이하는데, 단골손님의 발길이 끊이질 않는다고 한다. 그녀는 손님의 기분이 좋을 때는 같이 떠들어 주고, 말없이 울적한 얼굴로 술잔을 넘기고 있는 손님을 보면 다정스런 격려의 말을 잊지 않는다고 한다.

이처럼 그녀의 영업 비결은 손님의 심리를 정확히 파악해서 응대하는 것이다. 손님들을 한 가족처럼 대함으로써 그들의 신뢰를 얻게 된 것이다.

학벌도 신통치 않고 외모도 특출하지 않은 김 양이 S산업의 비서직에 응시하여 면접을 보게 되었다. 면접이 까다롭다는 소문에 별 기대를 하지 않았지만, 면접 시 그녀는 자신의 깔끔한 성격을 강조하여 자기소개를 했다.

"저는 성격이 매우 깔끔한 편입니다. 제가 있는 한 사무실 안은 먼지 하나 없이 청결할 것입니다. 여러 가지 면에서 부족한 점이 많지만 누구 못지않게 성실히 일하겠습니다."

김 양은 S산업에 당당히 합격했다. 그녀는 합격 비결에 대해, 면접관인 비서실장의 옷차림을 보고 그가 깔끔한 성격이라는 것을 직감하여 그 점에 호소했던 것이 적중한 것 같다고 말했다. 그녀가 합격되었다는 사실을 통해 우리는 비서실장 역시 그녀의 깔끔한 성격에 많은 점수를 주었다는 것을 미루어 짐작할 수 있다.

김 양은 상대의 성격을 파악하여 거기에 맞게 대처함으로써 자신을 강하게 인식시켰던 것이다. 이처럼 상대의 호감을 얻기 위해서는 우선 상대의 심리를 파악해야 한다.

대화법 ★ 첫 만남에서 어색한 분위기를 푸는 방법 〈1〉

1. 먼저 가볍게 말을 붙인다. 이쪽에서 먼저 다가가 자연스럽게 말을 건네면서, 상대가 경계심을 풀도록 해야 한다.

2. 이때 공통된 화제를 찾는 것이 중요하다. 상대의 관심거리를 탐색하면서 화제를 이끌어 나가면 된다.

3. 상대가 소중히 생각하는 사람을 화제로 삼거나, 매우 개인적이고 남이 잘 모르는 것에 대해 얘기할수록 상대의 마음을 쉽게 열 수 있다.

상대의 호감을 얻으려면
먼저 말하게 하라!

인간은 선천적으로 말하기를 즐긴다. 반면, 남의 말을 듣는 데에는 말하는 것만큼 관심을 두지 않는다.

미국 남부의 한 고등학교에서 말하기와 듣기 강좌를 개설하여 수년간 학생들의 관심도를 측정한 적이 있다. 그 결과 말하기 강좌는 언제나 학생들로 북새통을 이루었지만, 듣기 강좌는 소수의 학생만이 신청할 뿐이었다.

위 사례로 알 수 있듯이, 인간은 말을 함으로써 자기 자신을 표현하고 상대방의 동의와 협조를 구할 수 있다고 강하게 믿고 있으며, 또한 그만큼 상대적으로 듣기는 경시하는 경향이 있다.

말을 하는 것은 궁극적으로 타인에게 이해받고 싶은 인간의 본성을 만족시키는 수단이라고 할 수 있다. 일찍이 기독교에서 행해지던 참회는 이와 같은 심리를 자극하여 인간의 본성을 충족시키는 방법 중의 하나이다.

『꿈의 해석』으로 유명한 정신분석학자 프로이트는 참회를 과학적으로 분석하였다. 프로이트는 "인간은 혼란스런 감정이나 경험을 배출하는 방법으로서 말하는 것의 중요성을 인식했다."는 것을 강조하며, 병적인 인간 심리의 돌파구로서 말하기를 정신치료법의 하나로 창안했다.

이것은 말을 하고 싶은 인간의 본성을 만족시키면 상대방으로부터 쉽게 호감을 얻을 수 있다는 것을 반증하는 사례이기도 하다.

반면에 사람들이 상대방의 이야기를 귀 기울여 듣지 않는 것은 이야기 자체가 흥미롭지 않기 때문이기도 하겠지만, 일반적으로 듣는 것은 곧 수동적인 위치에 서는 것이라고 잘못 생각하기 때문이다.

그러나 실제로 사람들이 다른 사람에게 가장 호감을 느낄 때는 그 사람이 자신의 이야기를 들어줄 때라고 한다.

대화법의 위대한 스승 소크라테스는 아테네의 청년들에게 항상 "자네들이 먼저 말해 보게. 나는 그것으로 판단할 테니까."

라고 이야기했다고 한다. 서양 철학의 아버지로 인류에게 추앙받는 소크라테스도 일찍이 듣기의 중요성을 인식했던 것이다.

D실업은 노사 분규가 일어나지 않기로 유명한 회사인데, 그 비결은 대표이사인 A사장의 설득력이 탁월하기 때문이라고 한다. A사장은 직원들이 농성을 벌이면 농성 중인 직원들을 자기 사무실로 불러서 그들의 요구를 경청한다. 경청하는 그의 태도가 너무나 진지하기 때문에, 사원들은 격했던 감정을 가라앉히고 차분하게 자신들의 주장을 말하게 되는 것이다.

어떠한 형태의 논쟁이라도 상대방의 말에 귀 기울일 줄 아는 사람은 말하는 사람보다 더 많은 것을 얻을 수 있다는 좋은 실례이다.

회사원인 송 과장은 서울의 유명 백화점에서 양복을 한 벌 샀다. 그런데 집에 와서 보니 소매 부분의 재단에 결함이 있었다. 다른 것으로 교환하기 위해 양복을 가지고 곧바로 백화점으로 간 그는 마침 자신에게 옷을 판매했던 점원이 있어서 다행이라 생각하며 사정 이야기를 하였다. 그런데 그 점원은 송 과장에게 이렇게 말하는 것이었다.

"사 가시기 전에 꼼꼼히 살펴보셨어야죠. 회사 방침상 세일 기간에 판매하는 물건은 교환해 드릴 수가 없습니다."

그런 물건을 사 간 사람이 잘못했다는 듯 딱 잘라 말하는 점원의 태도에 송 과장은 기가 막히는 한편 화가 치밀어 올랐다. 게다가 자신이 마치 싸구려 손님 취급을 당하는 듯해서 더욱 자존심이 상한 송 과장은 화를 참지 못하고, 매장 책임자를 데려오라고 소리를 버럭 질렀다. 그리고 책임자를 데려오지 않으면 소비자보호원에 고발하겠다고 소리쳤다.

곧 매장 책임자인 지배인이 달려왔고, 송 과장은 그와 이야기를 하는 동안 불쾌한 기분을 말끔히 씻어낼 수 있었다. 어떻게 해서 그 지배인은 홍분해 있는 송 과장의 마음을 누그러뜨릴 수 있었을까?

지배인은 일단 송 과장의 불만을 처음부터 끝까지 묵묵히 들어주었다. 그러고 나서 점원에게 손님의 입장에서 이야기하였다. 그는 송 과장이 산 양복의 결함을 지적하며, 아무리 세일 기간에 파는 제품이라도 결함이 있는 것은 판매하지 말라고 주의를 주었다.

그리고 송 과장에게 정중히 사과하며 의향을 물었다.

"이 양복은 일단 결함이 있는 부분을 수선해 드리겠습니다. 그래도 손님 마음에 들지 않으시면 환불해 드리겠습니다. 불편을 드려 정말 죄송합니다."

조금 전까지만 해도 환불은 물론 종업원들의 무성의한 태도에 대해 강하게 항의하려고 했던 송 과장은 지배인의 말을 들자 이내 마음이 풀렸다. 그리고 흡족한 마음으로 집에 돌아올 수 있었다. 물론 백화점에 대한 신뢰도 회복할 수 있었다.

대화의 첫 번째 목적은 타인과의 의사소통으로, 효과적이고 원만한 의사소통 없이 사회적인 성공을 기대할 수는 없다. 자신의 생각과 주장을 바르게 전달하기 위해서는 먼저 상대방의 의견을 진지하게 들어주어야 한다. 남의 의견은 무시한 채 자기 주장만을 되풀이하는 사람은 타인에 대한 배려를 모르는 사람이고, 결국 '우물 안 개구리' 신세를 면치 못할 것이다. 남의 이야기에 귀 기울일 줄 아는 사람만이 보다 신중한 사고를 하고, 보편타당한 의견을 이끌어 낼 수 있는 것이다.

성공하고 싶지 않은 사람은 없다. 만약 당신이 크게 성공하기를 바란다면 듣기의 중요성을 강조한 잭 우드의 말을 반드시 기억하기 바란다.

"그 어떤 찬사의 말을 들어도 마음의 문을 열지 않는 사람 또한, 자신의 이야기를 진지하게 들어주는 사람에게는 마음을 빼앗기게 된다."

대화법 ★ 첫 만남에서 어색한 분위기를 푸는 방법 〈2〉

처음 만난 자리에서 상대를 칭찬해 주는 것도 서먹함을 없애는 좋은 방법이다. 상대방의 장점을 찾아 칭찬을 아끼지 않는다면 상대방은 자연스럽게 마음의 문을 열게 될 것이다.

3

처음부터 자기 견해를
내세우지 않는 것이 좋다

사회생활을 하다 보면 상대방에게 자신의 의견을 관철시켜야 할 때가 많다. 이런 경우 자기의 의사를 바르게 전달해서 상대가 공감하도록 만들어야 하는데, 공감대를 형성하는 일이 생각만큼 쉽지는 않다.

일반적으로 상대를 감화시키는 방법에는 논리적인 설득과 심리적인 설득이 있다. 우리는 대개 논리적인 설득이 더 효과적이라고 생각하기 일쑤이다. 하지만 상대가 자신의 논리에 수긍하지 않거나 논리적인 설명이 서투를 경우에는 상대방의 동의를 구하기가 더욱 어려워지므로, 논리적인 방법으로 상대를 설득하는 데는 한계가 따르기 마련이다.

따라서 심리적인 설득을 적절히 이용하는 것이 더 유리한 데, 그러기 위해서는 상대의 마음을 잘 읽어야 하고, 일단은 상대의 의견에 동의할 줄 알아야 한다.

심리학에서는 이것을 '용인'이라고 하는데, '용인'은 상담 치료의 대표적인 수단이자 비지시적 방법의 기본이 되는 요령이다. 다시 말하면 상대의 주장이나 요구가 비논리적이고 비합리적이어도 일단은 모두 받아들여야 한다는 것이다.

누구라도 그렇듯이, 자신이 높은 평가를 받고 있다는 사실을 인식하게 되면 상대를 호의적으로 생각하게 되고, 상대의 주장이나 요구를 흔쾌히 받아들일 수 있는 마음의 여유가 생긴다.

이러한 방법은 상담자들의 심리 상담에서는 물론이고, 영업 사원들의 교육에도 많이 응용되고 있다. 영업 사원 교육에서는 "우선 고객의 말에 동의하라."고 강조하는데, 여기서 상대의 의견에 동의한다는 것은 상대의 의도에 전적으로 끌려가는 것을 의미하지는 않는다. 일단 상대방의 의견에 동의해 줌으로써 결과적으로 상대방을 설득할 수 있다는 뜻이다.

스콧 마이어는 "유능한 상담자는 내담자와 상담할 때 결코 처음부터 자기의 견해를 이야기하지 않는다."고 했다. 유능한 상담자는 우선 내담자가 마음껏 자기 의사를 표현하도록 하고,

그의 말을 정중하게 끝까지 들어주면서 상대의 생각에 공감한다는 것이다.

인내심을 가지고 침착하게 상대의 마음 깊이 숨겨놓은 감정까지 이끌어 내는 사람이야말로 진정 유능한 상담자라고 할 수 있다.

미국의 32대 대통령 루스벨트가 뉴욕 주지사로 있을 때의 일이다. 그는 정치계의 거물들을 초청하여, 주 정부의 요직 개편을 위한 인사 천거에 대해 협조를 구한 적이 있었다. 루스벨트는 자기 심중에 떠오른 인물들보다는 그들이 천거한 인물에 일단 동의하였다. 그런 후에 가능한 한 자신이 생각하고 있던 인물이 천거되도록 대화를 이끌었고, 마침내 그들의 적극적인 협조를 받아 인사 개편을 실행할 수 있었다고 한다. 물론 루스벨트는 인사 천거의 공을 모두 그들에게 돌렸다. 그들 또한 자신들의 의견을 진지하게 경청하고 받아들인 루스벨트의 태도에 감복하여, 그 후에도 루스벨트의 정책에 매우 호의적으로 협조했다고 한다.

후일 루스벨트는 그들의 절대적 지지를 받으며 자기가 계획했던 정치 개혁을 단행했고, 마침내 미합중국의 대통령이 되어 빛나는 업적을 남기게 되었다.

이렇듯 상대의 의견을 진지하게 경청하고 또 동의해 주면 상대방의 호의를 얻을 수 있고, 그렇게 되면 자신에게 유리한 쪽으로 대화를 이끌어 나가기가 쉬워진다.

성공적인 대화를 하고 싶다면
자신감부터 가져라!

인간은 때로 불안정한 충동에 사로잡히곤 한다. 어떠한 일을 시작하고 싶은 것도 충동이고, 도중에 포기하고 싶은 것도 충동이다. 이러한 충동은 순간적으로 일어나지만, 가끔은 자신감을 불러일으켜 사람을 크게 성장시키는 계기가 되기도 한다.

인간관계를 연구하는 전문가들 중에는 인간의 충동적 용기를 신비한 힘으로 보는 사람도 있다. 그들은 충동을 조직적인 두뇌 활동에 있어 유기적인 힘으로 생각한다. 여기서 말하는 충동은 자신의 능력을 극대화시킬 만한 잠재력을 지닌 충동을 의미한다. 현재에 머물지 않고 계속 발전하기 위해서는 이러한 충동적 의지를 효과적으로 이용할 줄 아는 지혜가 필요하다.

충동적 의지란 곧 자신감을 말한다. 자신감이란 목적을 달성하기 위한 기본자세라 할 수 있다. 대화를 할 때도 마찬가지로 자신 있는 태도와 말투로 상대방을 강하게 끌어들일 수 있어야 한다. 상대방을 설득해야 할 때나 순간순간 닥치는 선택의 상황에서도 무엇보다 자신 있게 대처하는 것이 중요하다. 확신에 찬 한마디의 말이 위기에 처한 당신이나 당신의 회사를 구할 수 있다.

상대방의 호감을 얻기 위해서는 자신이 건실하고 강한 자신감에 불타고 있다는 것을 보여주어야 한다. 신념과 자신감에 차 있는 사람의 눈빛과 언어는 상대를 압도할 뿐만 아니라, 사람의 마음을 사로잡는 힘을 가지고 있기 때문이다. 또한 자신감 있고 의지가 굳은 사람의 말은 훨씬 더 신뢰감을 준다.

엘바 섬을 탈출하여 조국 프랑스의 영광을 재현하고자 했던 나폴레옹은 먼저 옛 동지들을 규합해야 했다. 그의 옛 동지들은 나폴레옹의 자신감에 찬 눈빛과 말 속에서 승리의 확신을 읽어내어 한결같이 재기의 용기를 얻었다고 한다.

사람은 자신감을 갖게 되면 스스로 자신이 다른 사람들에게 중요한 존재라고 느끼게 되는데, 이것은 자만과는 다른 심리적 우월감이다. '나는 꼭 필요한 사람이다.' 혹은 '나는 할 수 있다.'라는 자신감을 가지고 말할 때 상대방은 분명히 당신을 신뢰하게 되고, 적극적으로 협조하게 될 것이다.

광고 카피라이터들은 광고 제작을 끝낸 후에 대개 심각한 불안감에 휩싸인다고 한다. 자신의 카피가 광고 효과를 얼마만큼 거둘 수 있을까 하는 불안과 광고주가 어느 정도 자기의 작품을 신뢰할 것인가에 대한 고민으로 매우 초조해한다는 것이다. 실제로 어떤 사람은 작업이 모두 끝난 후에도 몇 날 며칠을 뜬눈으로 지새운다고 한다.

이런 경우, 초조해할 것이 아니라 성공할 수 있다는 강한 자신감을 피력해야 한다.

"사장님, 염려하지 마십시오. 틀림없이 성공할 것입니다."

카피라이터가 자신 있게 이렇게 말한다면 어떤 광고주라도 그를 신뢰하지 않을 수 없을 것이다.

얼마만큼 타인의 호감과 도움을 받을 수 있는가는 결국 자신의 신념과 의지에 달려 있다고 해도 과언이 아니다. 언제나 자신 있는 말투로 자신의 의견을 주장한다면 누구라도 호감을 가지고 당신의 말에 귀 기울일 것이다.

자신감은 곧 하고자 하는 강한 충동적인 의지가 자기 안으로 고착된 상태를 의미한다. 성공의 시작은 자신 있는 커뮤니케이션에서부터 출발한다는 것을 명심해야 한다.

질타와 격려의 말은
부드럽게 하라!

　일본 프로야구의 명문 구단 주니치 드래건스의 호시노 감독은 일본 프로야구계의 신화적인 인물로 꼽히는 사람이다. 그는 매우 엄한 스파르타식 트레이닝을 시키기로 유명하다. 그러나 그런 호시노 감독도 선수들을 꾸짖을 때는 예상외로 부드럽게 말한다고 한다.

　어느 날 한 선수가 그의 스파르타식 강훈에 지쳐 호소했다.

　"감독님, 저는 힘들어서 더 이상 못 하겠습니다."

　선수들이 이런 말을 할 경우에는 어떤 감독이라도 큰 소리로 꾸짖거나 호통을 치게 마련이다. 그러나 평소 엄하기로 소문난 호시노 감독은 이렇게 말했다.

"최고의 선수가 되기 위해서는 지금보다 더 어려운 일도 견뎌내야만 해. 힘들지 않은 것이 오히려 더 이상한 것이라네."

그 선수는 호시노 감독의 말에 감복하여 다시 훈련에 열중하였고, 마침내 일본 프로야구 재팬 시리즈에서 눈부신 활약을 펼쳐 주니치 팀의 우승에 크게 기여하였다.

상대를 꾸짖거나 설득하려고 할 때는 상처가 될 말은 하지 않는 것이 좋다. 상처를 받으면 두고두고 그 상처의 아픈 기억에 사로잡혀 결국은 좌절하거나 의욕을 잃어버리기 때문이다.

꾸짖고 야단치고 싶은 충동이 일더라도 나중의 결과를 먼저 생각하는 자세가 필요하다. 호시노 감독도 마음속으로는 엄하게 꾸짖고 싶었을지 모른다. 그러나 상처가 될 자극적인 말을 피하고 시종일관 부드러운 말로 설득하여 한 선수의 앞날을 빛나게 했던 것이다.

이와는 반대의 경우를 과거 한국 축구계의 모습에서 찾아볼 수 있다. 악전고투하여 승리하면 모든 국민의 영광이 되고, 참패를 당하면 모든 책임은 감독 이하 집행부에게 돌아가곤 했다. 한때는 감독 부재의 웃지 못할 상황이 연출될 정도로, 찬사에는 인색하고 질책에는 강하다는 인상을 지울 수가 없었다.

한때 H 감독은 아시안컵 축구대회의 성적 부진에 대한 책임을 지고 대표팀 감독을 사임한 적이 있다. 당시 그가 정말 힘들었던 것은 부진한 성적보다는 경기에서 이기면 영웅으로 치켜세우다가 경기가 잘 안 풀릴 때면 역적으로 매도해 버리는, 우리나라 언론의 무책임한 보도였다고 토로했다.

사실 경기란 이길 수도 있고, 질 수도 있는 것이다. H 감독에 대한 언론의 무차별적인 질타가 한국 축구 발전에 과연 어떤 도움을 줄 수 있었는지 의문을 갖지 않을 수 없다. 대안 없는 무분별한 질책은 한국 축구의 발전은 물론 한 감독의 장래를 망칠 수도 있는 것이다.

사회생활을 하다 보면 조직 사회에서는 상하의 위계질서가 필요하므로 남의 잘못을 꾸짖고 질책해야 할 때가 분명히 있다. 하지만 이러한 때라도 정감 있는 말로 설득함으로써 상대에게 용기를 심어줘야 한다. 질책 대신 설득력 있는 조언으로 상대방을 격려해야 하는 것이다. 그렇지 못할 경우 지울 수 없는 상처를 남기게 된다.

섣부른 꾸짖음은 역효과를 초래할 수 있다. 특히 상대의 마음에 상처를 주지 않으려는 배려가 필요하다. 예로부터 유능한 지도자는 힐책의 말보다는 격려의 말을, 충고의 말보다는 부탁의 말을 선행했다는 사실을 기억해야 할 것이다.

칭찬의 말로
마음의 문을 열어라!

처음 보는 사람에게 "상상했던 것보다 훨씬 미인(미남)이십니다."라거나, "탤런트 ○○○을 닮았다는 이야기 많이 듣지 않습니까?"라는 말을 들으면 비록 그것이 빈말이라는 생각이 들더라도 일단 기분이 좋게 마련이다.

초면에 칭찬해 주면 상대는 자연스럽게 경계심을 풀게 된다. 이것은 상대에게 적합하거나 혹은 우월한 사물에 상대를 비유하여 자기만족의 심리를 자극하면 궁극적으로 마음의 문을 열 수 있기 때문이다.

처음 만나는 사람이 어디선가 본 듯한 느낌이 들 때가 있다.

이런 막연하지만 친근감 있는 심리를 자극하여 칭찬의 말을 던지면 된다.

세련되고 잘생긴 상대에게는 "정말 미남이십니다. 꼭 장동건을 보고 있는 것 같아요."라든가, 외모는 그저 그렇지만 남자다움이 느껴진다면 "터프한 매력이 영화배우 최민수와 비슷한 분위기가 나는데요." 하고 말해 보라. 최고의 스타를 닮았다는 말에 불쾌해할 사람은 아무도 없다.

또 성공한 사람들은 자신의 성공을 은근히 과시하고 싶은 심리가 내재되어 있기 마련이다. 이때 그들을 최대한 치켜세워 준다면 누구든지 흐뭇한 미소를 짓게 된다.

"선생님의 명성은 익히 들어 알고 있습니다. 김○○ 선생 이래 최고라는 평판을 들었습니다. 이렇게 만나 뵙게 돼서 정말 영광입니다."

위와 같은 칭찬으로 대화를 시작한다면 상대는 틀림없이 당신의 말에 귀 기울이게 될 것이다.

한편으로 열등감에 사로잡혀 있는 사람에게도 이 방법은 유효할 수 있다. 작고 뚱뚱하거나 비쩍 마른 체형 때문에 열등감을 가지고 있는 사람에게 "풍채를 보니 ○○○ 사장님이 떠오릅니다. 그분의 풍채는 꼭 사업가 타입이십니다. 실제로 사업가로서 수완이 대단하신 분이죠."라고 이야기한다면, 자신의 체형에 열등감을 가지고 있던 사람도 이상적인 인물을 연상하면서 흡족해할 것이고, 말하는 사람에게 호감을 갖게 될 것이다.

토머스 홉스는 『시민철학 요강』에서 "마음의 기쁨과 만족은 모두 남을 자기와 비교해 우월감을 갖는 데서 기인한다."고 말했다. 아무리 못난 사람이라도 누군가와 자기를 비교해서 칭찬해 주면 심리적 만족감을 얻게 된다. 자기만족은 남의 인정을 받는 데서부터 비롯되기 때문이다.

필자의 친구 중에 명문 대학을 졸업한 수재가 한 사람 있었다. 그는 실력도 출중했고 성격도 쾌활해서 주위 사람들에게 인기가 많았다. 그런데 학창 시절 그는 다리를 저는 신체적 결함 때문에 심한 열등감에 사로잡혀 우울한 나날을 보낸 적이 있다. 두뇌는 선천적으로 명석했으나 장애로 인해 그는 비참한 심정에 빠져 술로 날을 지새우기 일쑤였고, 여자를 만나는 자리에서는 고개도 제대로 들지 못했다.

어느 날 그와 밤을 새우며 술잔을 기울인 적이 있었는데, 그날 필자는 그에게 신체 장애를 극복하고 위대한 삶을 산 사람들의 이야기를 해주었다. 그는 필자가 한 이야기 중에 특히 절름발이 천재 시인 바이런의 이야기에 감명을 받았는데, 그때부터 실제로 문학 수업에 빠져들게 되었다. 그 후 그는 신체적인 열등감에서 벗어나 자신이 원하는 삶을 적극적으로 살게 되었고,

현재 주목받는 시인으로 활발하게 작품 활동을 하고 있다.

제아무리 잘난 사람도 주변 사람들이 자신의 단점만을 끄집어내어 부각시킨다면 자신감을 잃어버리고 실의와 좌절에 빠져 고통스럽게 살아갈 것이다. 하지만 그와는 반대로 아무리 못난 사람이라 하더라도 누군가가 자신의 장점에 대한 칭찬을 아끼지 않는다면 자신 있게 삶을 살아갈 수 있다.

상대방의 단점보다는 장점을 찾아 칭찬을 아끼지 않는다면 상대방은 자연스럽게 당신에게 마음의 문을 열게 될 것이고, 대화를 원만하게 이끌어 나갈 수 있을 것이다.

침묵을 이용해서
상대의 시선을 집중시켜라!

대화를 할 때 가장 중요한 것 중의 하나는 상대의 주의를 집중시키는 일이다. 일정한 목적 없이 이야기한다면 상관없지만, 대화란 나름대로 어떤 목적을 갖기 마련이므로 상대가 자신의 이야기를 관심 있게 듣느냐, 듣지 않느냐는 중요한 문제다.

우리는 일반적으로 대화는 끊어지지 않아야 좋은 것으로만 알고 있다. 그러나 심리학적인 측면에서 살펴본다면 대화가 계속 진행된다고 해서 반드시 대화의 효과가 커지는 것은 아니다.

대화가 계속 진행되지 않는다는 것이 반드시 대화가 중단된다는 것을 의미하지는 않는다. 때로는 적절한 호흡을 두고 잠시 침묵하는 것이 필요할 때가 있다.

어떤 목적을 염두에 두고 대화를 시작하다 보면, 대개 목적을 이루려는 생각에 조급해져서 대충대충 말하는 경향이 있다. 그러다 보면 궁극적인 목적에는 별 도움이 되지 않는 군더더기 말로 횡설수설하게 된다.

이런 때는 잠시 동안 침묵하면서 생각을 정리한 뒤 대화를 재개하는 것이 현명하다. 똑같은 템포와 음성으로 잇달아 말하는 것보다는 적당한 간격을 두면서 대화를 이끌어 가는 것이 더 효과가 클 때가 있다.

K대 수학과의 김 교수를 예로 들어보자. 그는 자칫하면 딱딱할 수 있는 수학이라는 과목을 강의하고 있지만, 독특한 수업 방식으로 이를 잘 극복하고 있다.

김 교수는 강의가 장시간 계속되어 학생들이 지루해하고 주의가 산만해질 때쯤이면 잠시 강의를 멈추고 창밖을 내다본다. 교수가 강의를 하다 말고 창밖을 내다보면 학생들의 시선은 자연히 교수에게 향할 수밖에 없다. 그러면 그는 자신이 겪었던 일을 이야기해 준다.

물론 오랜 시간 계속되는 이야기가 아니고, 수학에 관계되는 이야기도 아니다. 다만 강의 중간 중간에 학생들의 주의를 환기시켜 다시 강의에 집중할 수 있도록 하는 것이다.

일상적인 대화를 할 때도 적절한 침묵을 이용할 줄 아는 센스가 필요하다. 특히 상대가 자신의 고민을 털어놓으며 상담을 원하는 경우처럼, 상담자의 위치에서 대화를 해야 하는 경우라면 침묵은 더욱 빛을 발하게 된다.

또한 침묵은 사태를 반전시키기 위한 매우 좋은 방법이 되기도 한다. 대화의 흐름이 끊어지거나 분위기가 산만해질 때, 이야기를 중단하고 잠시 침묵의 시간을 가져보라. 상대는 틀림없이 흐르던 음악의 선율이 끊길 때 일어나는 반응처럼 당신에게 집중할 것이다.

> **대화법 ★ 첫 만남에서 어색한 분위기를 푸는 방법 〈3〉**
> 상대의 이름을 친근하게 불러준다. 이름을 불러준다는 것은 상대의 존재를 인정한다는 의미이기 때문에, 상대로부터 호의적인 반응을 끌어낼 수 있다.

8

상대의 이름을 기억해서
존재감을 높여주어라!

    상대의 이름을 기억하는 것은 영업 사원이 지녀야 할 최고의 덕목 중 하나이다. 특히 고객의 이름 석 자를 기억하는 것은 그의 능력을 인정한다거나, 깍듯이 예의를 갖춘다거나 하는 그 어떤 처세보다도 결과적으로 상대의 존재를 훨씬 더 인정해 주는 것이 된다.

    인간은 누구에게든 자신의 존재를 인정받고 싶어 한다. 인간의 모든 행위 뒤에는 '중요한 존재가 되고 싶다.'는 욕망이 잠재되어 있는 것이다. 갓난아기는 엄마에게 관심을 가져달라고 울며 보채고, 아이들은 어른들의 주의를 끌기 위해 장난을 친다. 유행의 첨단을 걷는 현대의 멋쟁이 여성은 옷차림으로써 사람들의 시선을 끈다.

이 세상의 모든 사물, 꽃 한 송이, 강아지 한 마리도 자신의 존재를 세상에 널리 알리기 위해, 또 관심을 끌기 위해 피어나고 짖어대는 것이다.

하지만 인지가 발달해 있는 사람의 경우에는 이름을 기억해 주는 것이 가장 중요하다고 할 수 있다. 사람은 자신의 이름을 가장 자랑스럽고 존귀하게 여긴다. 따라서 상대의 이름을 기억한다는 것은 그 어떤 방법보다 자신을 상대방에게 강하게 인식시키는 효과를 가져다준다.

철강왕 앤드루 카네기의 성공 비결을 한번 살펴보자. 카네기는 어린 시절부터 사람들이 자신의 이름에 많은 가치를 부여하고 있다는 것을 알았다. 그래서 그는 남의 이름을 기억하는 것만으로 어렵지 않게 상대방의 협력을 얻어낼 수 있었다.

카네기는 10살 무렵 신문을 돌리면서 학교를 다닌 적이 있었다. 그때 그는 마을 사람들 모두의 이름을 기억해 두었다가 그들을 만날 때면 하나하나 이름을 불러가며 공손히 인사했다고 한다. 나중에 카네기가 장사를 시작했을 때, 그들은 자연스럽게 카네기의 단골 고객이 되었다. 이러한 신뢰를 바탕으로 그는 사업을 더욱더 발전시킬 수 있었고, 결국 재계의 전설적인 거물로 성공할 수 있었다.

미국의 우정장관을 지낸 짐 팔리는 고등교육도 제대로 받지 못했지만, 어느 회사의 세일즈맨으로 근무하던 시절에 고객의 이름을 기억하는 방법을 고안하여 높은 실적을 올릴 수 있었다. 그 후 그는 대통령 선거에서 루스벨트의 참모로 활약하며 루스벨트가 당선되는 데 큰 공을 세웠다. 그는 루스벨트의 지방 순회 강연이나 집회에 참석한 사람들의 이름을 일일이 기억해 두었다가 매일 수백 통의 편지를 보냈다고 한다.

나폴레옹 3세 또한 다른 사람의 이름을 잘 기억했다고 한다. 그의 비결은 간단했다. 그는 상대방의 이름을 한 번에 기억할 수 없을 때는 주저 없이, "미안하지만 다시 한 번 말씀해 주십시오." 하고 정중히 부탁했다. 그리고 이야기하는 도중에도 몇 번이고 상대방의 이름과 얼굴을 연결해서 기억했다고 한다.

대화는 상대방의 존재를 인정하는 데서부터 출발한다. 따라서 이름을 하나의 단순한 표식으로 보아서는 안 된다. 이름과 더불어 그 사람의 존재를 인정해 주고 기억해야 한다.

사람은 자신의 이름을 상대방이 기억하지 못하면 자신의 존재 또한 잊혀진 것이나 다름없다고 여기기 십상이다. 그러므로 상대방의 이름을 기억하는 것은 성공적인 대화를 여는 첫걸음이 된다.

보디랭귀지로
표현력을 극대화하라!

말하는 사람의 얼굴이 무표정하고 활기가 없다면, 아무리 진심 어린 말을 한다고 해도 받아들이는 사람에게는 그 의미가 반감되기 마련이다.

실제로 말과 표정의 조화는 원만한 대화를 이끄는 데 커다란 영향을 미친다. 이야기 속에 담겨 있는 진실이 상대에게 얼마나 잘 전해지느냐 하는 것은 많은 부분이 말하는 태도에 달려 있다. 다시 말하면, 입으로 말하는 것만큼이나 몸으로 말하는 것도 중요하다는 뜻이다.

몸으로 말한다는 것이 특별한 것은 아니다. 현대인의 대화에는 이미 신체 언어, 즉 보디랭귀지가 중요한 부분으로 자리 잡고 있기 때문이다. 보디랭귀지는 원래 '키네식스kinesics'라는, 정신의학 특히 심리 요법 분야에서 연구되어 온 치료 방법의 하나로, 정신과 의사가 환자의 신체에서 나타나는 증세를 환자의 말과 조화시켜 치료하는 것에서 비롯되었다.

이러한 보디랭귀지의 다각적인 활용은 특히 세일즈에서 중요하게 다뤄지고 있는데, 이것은 현대인의 화술에서 보디랭귀지가 매우 중요한 역할을 하고 있음을 잘 보여주고 있다.

말과 표정이 겉도는 이야기는 아무리 떠들어도 상대가 진실하게 받아들이기 어렵다. 그러므로 이와 같은 사실을 염두에 두고 대화에 임한다면 상대의 마음을 사로잡을 수 있고, 자신의 목적대로 상대방의 동의를 얻어낼 수 있다.

말과 태도가 일치해야 한다는 것은 당연한 것이며, 이야기가 진행되는 상황에 따라 표정이 바뀌거나 몸짓이 달라지는 것은 자연스러운 일이다.

그러나 너무나 당연한 이것이 잘 실행되지 않고 있는 점이 요즘 대화의 문제점이다. 대부분의 사람들은 이야기로 흥미와 관심을 북돋을 생각만 할 뿐, 전달되는 과정은 염두에 두지 않는다. 훌륭한 대화의 비결이 자연스러운 표정과 몸짓에 있다는 점을 알아차리지 못하고 있는 것이다.

꽃은 향기로운 냄새로만 사람을 유혹하지는 않는다. 향기만큼 꽃의 모양새도 중요하다. 말의 내용이 향기라면 태도는 모양이다. 모양도 예쁘고 향기도 좋은 꽃이 사랑을 받는 것은 당연하다.

능수능란하게 자기변명을 하는 사람일수록 능청스러울 정도로 몸짓이 요란하다. 어색함을 미화시키려고 하기 때문이다. 하지만 진실한 말은 요란한 몸짓을 요구하지 않는다. 진지한 말의 내용에 따른 적당한 분위기만 연출하면 된다.

최고의 검객이 휘두르는 칼끝은 요란하지 않듯, 말하기도 마찬가지다. 그렇게 요란하지 않으면서도 말과 일치하는 진실성만 가득하다면 이미 대화는 성공하고 있는 것이다.

공통의 화제를 찾아서
공감대를 형성하라!

처음 만나는 사람과 대화를 나눌 때는 먼저 자신과 상대방이 공통으로 관심을 가질 수 있는 화제를 찾는 것이 중요하다. 본론에 앞서 상대방과 함께할 수 있는 화제를 먼저 꺼내면 대화를 쉽게 이끌 수 있을 뿐만 아니라, 자연스럽게 공감대가 형성되어 자신의 의도를 보다 쉽게 관철시킬 수 있다.

예컨대, 당신이 지금 역사학자와 만나고 있다면 어떤 화제를 꺼낼 것인가? 역사에 조금이라도 관심이 있다면 다행이겠지만, 만약 역사에 대해 문외한이라면 어떻게 얘기를 풀어나가겠는가?

그럴 경우 꼭 역사에 관한 화제가 아니더라도 상대와 이야기할 수 있는 화제를 찾아야 한다. 예를 들면 "요즈음 날씨가 꽤 쌀쌀한데 건강은 어떠십니까?"라든가, "저는 추위를 많이 타는 편이라서 요즘 지내기가 무척 힘든데, 선생님은 어떻습니까?" 등으로 말문을 열면 무난하게 대화를 이끌어 갈 수 있다.

상대가 누구든 마찬가지다. 처음에는 날씨와 같은 지극히 평범하고 일상적인 화제, 또는 상대가 가볍게 대답할 수 있는 화제를 꺼내야 한다. 그런 다음 어느 정도 분위기가 무르익으면 서서히 본론으로 들어가는 것이다.

특히 말주변이 없다고 생각되는 사람들은 공통의 화제를 찾지 못해 어색한 침묵을 만들지 않도록 평소에 몇 가지 상황을 만들어 놓고 가상의 대화를 해보는 것이 좋다.

만일 상대가 컴퓨터를 잘 다루는 직장 여성이라면 다음과 같은 말을 건네는 것도 좋다.

"저도 회사에서 컴퓨터로 문서를 작성하곤 하는데, 타자가 서툴러서 시간이 굉장히 많이 걸립니다. 그런데 당신은 국문은 물론이고 영문도 능숙하게 처리하니 정말 부럽습니다. 어떻게 하면 숙련될 수 있을까요?"

이와 같이 상대방이 잘 아는 분야를 화제로 꺼내는 것이 성공적인 대화를 이끌어 내는 비결이다.

일단 공통의 화제를 통해 상대에게 호감을 주게 되면, 아무리 내성적인 사람이라도 첫 만남이라는 어색함에서 벗어나 자연스럽게 대화에 나서게 된다. 이처럼 어떤 화제를 선택하느냐에 따라 대화의 성공 여부가 달려 있기 때문에, 이야기의 실마리를 무엇으로 풀어나갈 것인가 하는 문제는 매우 중요하다.

이런 화제는 상대방의 나이·직업·성별 등에 따라 달라질 수 있다. 그렇지만 앞서 말한 대로 날씨·건강 등 일상적인 생활을 소재로 하여 상황에 따라 적절히 응용할 수 있다면, 비록 첫 만남이라도 대화를 어색하지 않고 부드럽게 이끌어 갈 수 있다.

대화법 ★ 첫 만남에서 분위기를 푸는 방법 〈4〉

상대에 대한 관심과 호의를 자연스럽게 행동으로 표현한다. 대화 도중에 손을 잡거나 어깨를 두드리는 등 가벼운 신체 접촉을 시도하면, 상대는 심리적인 안정감을 느끼게 된다.

상대가 소중히 여기는
사람을 칭찬하라!

얼굴을 맞대고 있는 자리에서 칭찬의 말을 들으면, 아무리 얼굴이 두꺼운 사람이라도 쑥스러운 마음이 든다. 그러므로 직접적으로 칭찬하기보다 간접적으로 상대가 가장 소중히 여기는 친구를 칭찬하면, 자신이 칭찬받는 것처럼 기뻐한다.

'그 사람을 알려면 먼저 그 사람의 친구를 보라.'는 말이 있다. 이것은 그 사람을 칭찬하려면 먼저 그의 친구를 칭찬하라는 말이 될 수도 있다.

진정한 친구를 가진 사람은 억만 금의 재산을 보유한 사람보다 더 행복하다. 그러므로 친구가 모욕을 당하면 자신이 모욕을 받은 것처럼 기분이 나쁘다. 이러한 심리는 대상이 연인일 경우에는 더하다.

당신의 친구에게 "어제 그 여자 누구야? 미인도 아니고 별로던데."라고 말해 보라. 그러면 당장은 별다른 말을 하지 않더라도 그는 마음속으로 매우 서운해할 것이다.

그러나 "어제 같이 가던 여자 참 예쁘던데? 발랄하고 매력적이야."라고 이야기한다면 그 사람은 자못 뿌듯한 기분이 들 것이다.

지난 총선 때 입후보한 이 모 후보자에 관해 재미있는 일화가 하나 있다.

어느 날 야외 연설을 할 때, 이 후보가 막 단상에 오르려는 순간 한 청년이 다가오더니 "선생님, 안녕하세요?" 하고 인사하는 것이었다. 그 청년은 단순히 자기가 국회의원 입후보자와 같은 유력 인사와 잘 알고 지낸다는 것을 과시하려고 나섰던 참이었다.

사실 이 후보는 그 청년이 잘 기억나지 않았지만 "오, 자네도 왔구먼. 그래, 아버님은 안녕하신가? 참 훌륭하신 분이지." 하고 말했다. 그러자 청년이 "네, 그런데 그만 작년에……." 하는 말에 "돌아가셨구먼. 참 안타까운 일일세." 하면서 청년과 몇 마디 더 주고받았다.

그 후 청년은 자기 아버지를 칭찬해 주는 이 후보에게 감복해, 연설 도중에 떠드는 사람이 있으면 자신이 나서서 주의를 주고 장내가 소란스러워지면 발 벗고 나서서 정리하는 열성을 보이면서, 그날 하루를 완전히 이 후보에게 봉사했다.

연설회가 끝나고 이 후보의 측근이 "선생님, 그 청년을 잘 아십니까?" 하고 묻자 그는 "아니." 하고 딱 잘라 말했다. "그럼 어떻게 그렇게 상세히 알고 계십니까?" "이보게, 아버지 없는 사람도 있나? 또 그 아버지를 싫어하는 자식은 없네. 누구든 자기 부모를 칭찬하면 감탄하기 마련이야. 나도 그 친구의 기분을 만족시켜 주기 위해 그랬을 뿐이네."

이 후보는 전혀 안면이 없는 청년의 기분을 만족시켜 주었기 때문에 그로부터 도움을 받을 수 있었던 것이다.

이렇게 인간은 자신이 직접 칭찬받는 것보다도 자기가 소중히 여기는 사람의 칭찬을 들을 때 더 흐뭇해하는 심리를 가지고 있다. 이 방법을 생활에 잘 적용하면 만족할 만한 성과를 얻을 수 있다.

상대방을 배려하는
말을 자주 하라!

국내 굴지의 모 대기업에서 언젠가 유 모 부장의 인사이동 때문에 문제가 발생했다.

기획부장이었던 유씨는 전기에 관해서는 일류 기술자였으나 기획부에는 적합하지 않은 인물이었다. 회사로서는 예민한 성격인 그의 감정을 상하게 하지 않으면서 인사 문제를 원만하게 해결하고 싶었다. 회사로서는 그를 아끼고 있었기 때문에 잃고 싶지 않았던 것이다.

고심 끝에 회사는 좀 특별한 인사 발령을 단행했다. 기획부장에는 다른 사람이 임명되었고, 유씨는 회사가 그를 위해 특별히 만든 '전기 고문기사'라는 새로운 직함에 임명되었다. 물론 유씨도 매우 기뻐했다. 그는 이 조치에 만족하여 전보다 더 열심히 근무했다.

회사에서는 성격이 예민하여 자칫하면 감정이 상할지도 몰랐던 유씨의 체면을 세워주면서 조용히 인사 문제를 매듭지었던 것이다.

상대의 체면을 세워준다는 것은 매우 중요한 일이다. 상대에 대한 커다란 배려이기 때문이다. 그러나 그 중요함을 이해하고 있는 사람이 과연 몇 명이나 될까?

사람들은 대개 자기 기분에만 신경 쓸 뿐, 남의 감정은 소중히 생각하지 않는 경향이 있다. 상대의 자존심이나 기분 따위는 깊이 생각하지 않는 것이다. 사람들 앞에서 한두 마디 사려 깊은 말을 건네며 상대의 심정을 헤아려 주면, 그것만으로도 상대방이 커다란 위안을 받는데도 많은 사람들이 그 사실을 모르고 있다.

다음은 마설 A. 글렌저라고 하는 미국의 저명한 공인회계사가 그의 절친한 친구에게 보낸 편지의 한 구절이다.

＊　＊　＊

직원을 해고하는 것은 아무리 생각해도 유쾌한 일은 아니

네. 해고당하는 직원들의 마음은 더욱 그렇겠지. 우리의 일은 계절에 따라 좌우되는 경우가 많아, 매년 3월이 되면 많은 해고자가 생긴다네.

그 일을 집행하는 것은 결코 유쾌하지 않아. 따라서 될 수 있는 한 일을 간단하게 처리하는 습관이 우리들 사이에 팽배해 갔지.

"스미스 씨, 앉으세요. 아시다시피 계절이 바뀌었으므로 당신의 일도 없어졌습니다. 처음부터 바쁠 때만 일을 한다고 계약했었지요."

상대도 이미 알고 있는 사실이지만, 이러한 말로 인해 더욱 타격을 받았을 것이네. 그들은 아마 내동댕이쳐진 기분이었을 걸세. 그들의 태반은 회계 일로 일생을 보내는 사람들인데, 이렇게 냉정하게 목을 자르는 회사에는 한 가닥의 애정도 느끼지 못하겠지.

그래서 나는 임시 고용인들을 해고할 때는 좀 더 인간적인 방법으로 그들에게 접근하기로 했네. 각자의 성적표를 잘 조사한 뒤에 그 사람을 불러 다음과 같이 말했지.

"스미스 씨, 당신의 일솜씨에는 정말 감복했습니다(실제로 그가 일을 잘했을 경우). 뉴욕에 출장 가셨을 때는 정말 애쓰셨지요. 당신이 훌륭하게 일을 처리해 주셔서 회사의 이미지가 많이 좋아졌습니다. 당신은 실력이 있으니 어디에 가시든 잘 될 것입니다. 우리는 당신을 믿고 있고, 또 될 수 있는 한 힘이 되어주려고 생각하고 있습니다. 이 점만은 잊지 말아주십시오.”

이렇게 말하자 그는 해고당하는 것을 그다지 불쾌해하지 않고 떠나는 듯했어. 최소한 밀려서 쫓겨나는 듯한 기분은 들지 않았을 걸세. 회사에 일만 있으면 계속해서 고용해 줄 것이 틀림없다고 생각하기 때문이지. 회사가 다시 그들을 필요로 한다면 그들은 기쁘게 다시 와줄 것이네.

＊　＊　＊

상대방을 배려하는 태도를 가지고 적절한 언어를 구사하는 것은 매우 중요한 일임에 틀림없다. 상대방을 진정으로 배려하는 것만큼 그와 친숙해질 수 있는 좋은 방법은 없기 때문이다.

나는 말로 하는 대화가 아니라 가슴과
눈으로 하는 대화를 하러 왔습니다.
한편이 이기고 한편이 지는 일이
아니라, 우리 모두가 승리자가 되는
길을 찾아왔습니다.

문익환(1989년 평양 순안 비행장 도착 성명 중에서)

CHAPTER

2

상대의 마음을
사로잡는 대화법

대화를 즐겁게 이끄는
사람이 주목받는다

사업상의 대화도 물론 중요하지만, 일반적인 사교나 친구 간의 대화도 그에 못지않게 중요하다.

대화란 사람들끼리 말을 주고받으며 서로의 감정을 교류하는 것이다. 따라서 기쁨과 즐거움이 없는 대화는 무의미한 소음에 지나지 않는다. 여러 사람들이 모인 자리에서 주목을 받는 사람은 대화를 즐겁게 이끄는 사람이다. '말 한마디에 천 냥 빚도 갚는다.'는 속담처럼 인간관계에 있어 말, 혹은 대화는 돈으로 환산할 수 없는 가치를 발휘하기도 한다.

'하룻밤 사이에 만리장성을 쌓는다.'는 말도 있듯이, 한 번의 만남이라도 정성을 다해야 한다. 깊은 만남이란 마음과 마음이 닿는 만남이기 때문이다. 진정한 기쁨은 여기서 자연스럽게 우러난다. 상대가 나를 이해했다는 기쁨과 내가 상대를 이해했다는 기쁨이 서로 어우러져 만족하게 되는 것이다.

그렇게 하려면 먼저 마음의 문을 스스로 활짝 열어야 한다. 다시 말하면, 상대의 어떤 말에 대해서도 먼저 수용하는 자세를 가져야 한다는 것이다. 상대의 말에 곧바로 반론을 제기하거나, 말끝을 물고 늘어지고 자기주장만을 내세운다면 상대는 두 번 다시 대화를 나누려고 하지 않을 것이다. 상대의 말을 잘 듣고 난 다음 자신의 의견을 개진해야 대화가 원만하게 풀려나갈 수 있다.

온화하고 친근감 있는 분위기를 지닌 사람에게는 누구나 부담 없이 말을 걸어오며, 때로는 개인적인 어려움까지 상의하고 싶어지는 것이 인지상정이다. 그러한 점이 친분을 두텁게 해주는 요인이다.

그렇다면 어떻게 친근한 분위기를 만들 것인가?

먼저, 가볍게 말을 붙여야 한다. 과묵한 사람은 중량감이 있어 보일지는 모르지만 타인이 다가서기에는 거북한 경우가 많다. 무슨 생각을 하고 있는지 알 수 없기 때문이다. 누구나 잘 알지 못하는 상대와 마주할 때는 불안감이 일고, 방어 본능이

고개를 들기 마련이다. 일단 방어 본능이 고개를 들면 인간은 될 수 있는 한 거리를 두고 입을 열지 않는다.

이런 상대의 경계심을 풀려면 먼저 이쪽에서 자연스럽게 다가가야 한다. 그 첫걸음이 가볍게 말을 건네는 것이다. 이때 방법이 서툴면 역효과를 낼 수도 있다. 따라서 상대에게 안도감을 줄 수 있는 말을 꺼내야 한다.

이때는 공유할 수 있는 화제를 찾아야 한다. 상대의 눈높이에 맞춘 날씨 얘기도 좋고, 취미나 기호에 관한 것도 괜찮다. 하지만 상대의 가치관에 알맞은 화제를 찾기가 생각처럼 쉬운 것은 아니다. 가령 무턱대고 "낚시는 바다낚시가 최고죠."라고 말할 경우, 상대가 낚시에 흥미가 없을 때는 더 이상 할 말이 없어진다.

따라서 상대의 관심거리를 탐색하면서 화제를 이끌어 나가야 한다. 취미까지는 아니더라도 상대가 은근히 자부하는 부분이 화제가 되면 그 상대는 쉽게 마음을 열 수 있다. 이때 상대가 소중히 생각하는 사람을 화제로 하면 가장 효과적이다. 특히 대단히 개인적이고 남이 잘 모르는 사항일수록 최고의 효과를 발휘한다.

한때 국회의장을 지낸 적이 있는 모 거물급 정치가는 비서관을 시켜서 만나기로 한 사람의 주변을 미리 알아둔다고 한다.

그리고 반드시 가족의 안부를 묻는 것으로 대화를 시작한다. 이 정치가와 만난 대부분의 사람들은 그가 자신을 알고 있다는 사실에 놀라면서 고마워하게 되고, 결국은 그의 지지자가 된다.

상대의 이름을 친근감 있게 불러주는 것도 매우 효과적으로, 주위 사람들이 알아들을 수 있을 정도로 크게 이름을 부르며 친근감을 나타내는 것이 좋다. 물론 직함도 곁들인다. 이러한 방법에 대해 사람들은 아부한다고 생각해서 멸시하기도 하지만, 그것은 인간의 심리를 잘 모르고 하는 말이다. 생각해 볼 것도 없이, 자신의 이름을 다정하게 부르며 상의하는 사람에게 달리 나쁜 감정을 가지는 사람은 없다.

그리고 상대에 대한 관심·존경·호의·친근감을 자연스럽게 행동으로 나타내 보라. 예를 들면, 대화를 나눌 때 손을 잡거나 어깨를 두드리는 등의 육체적인 접촉을 한다면 좀 더 큰 효과를 가져올 것이다. 이러한 접촉은 주로 상대에게 심리적인 안정감을 준다.

이처럼 언제나 상대가 호감을 느낄 수 있도록 친근감 있는 언어로 상대를 감싸 안을 수 있어야 대화를 성공적으로 이끌 수 있다.

대화법 ★ 상대를 내 편으로 만드는 설득의 기술 〈1〉

먼저 상대의 말을 잘 듣고 마음을 읽으려고 노력한다. 상대의 의견을 진지하게 경청하고 또 동의해 주면 상대방의 호의를 얻을 수 있다. 그렇게 되면 자신에게 유리한 쪽으로 대화를 이끌어 나가기가 쉬워진다.

상대방과
감정적 공감대를 형성하라!

사람은 때로 자신의 목적을 달성하기 위해 수단과 방법을 가리지 않는다. 상대방을 설득하여 자신에게 동조시키기 위해서는 어쩌면 이러한 무례함과 이기심이 필요한지도 모른다. 하지만 진정으로 상대가 자신에게 동조하기를 바란다면 적어도 상대의 입장에서 그를 배려할 수 있어야 한다.

자동차왕 헨리 포드는 인간관계의 미묘한 갈등에 관해 다음과 같이 말했다.

"성공의 비결이라는 것이 있다면 그것은 남을 이해하고, 자신의 입장과 남의 입장을 동시에 고려하여 사리에 맞게 판단할 수 있는 능력이다."

정말 두고두고 되새겨 볼 만한 말이다. 사회적으로 성공하기를 바란다면 반드시 기억해 두기 바란다. 간단하고 이해하기 쉬운 말이지만, 대개의 사람들은 이런 말을 무심코 넘겨버리는 경우가 많다.

일본 도쿄공업대의 교수 하가야스스의 『자기 표현술』에는 다음과 같은 일화가 나온다.

유명 작가인 K씨가 여행을 떠났다가 음독자살했다. 취재 기자들이 몰려들었고, 세인의 관심은 온통 K씨의 자살 원인에 집중되어 있었다. 기자들은 슬픔에 잠겨 있는 미망인을 통해 자살에 대한 단서를 얻기 위해 혈안이 되었다. 그러나 미망인은 아무런 말도 없이 그저 눈물만 흘릴 뿐이었다. 어쩔 수 없이 마감 시간에 쫓긴 기자들은 자기 나름대로 추측 기사를 작성하여 신문사에 보냈다.

그런데 D신문사의 신문에는 다른 신문사 기자들이 전혀 예상치도 못했던 내용의 기사가 실렸다. K씨의 자살과 관련해서 '잘못된 만남의 종말'이라는 제하의 기사가 보도되었던 것이다. 타사의 베테랑 기자들이 D신문사의 둔하기로 소문난 Y기자에게 보기 좋게 뒤통수를 얻어맞은 것이었다.

Y기자가 특종을 잡게 된 경위는 대략 이러했다.

그날 Y기자는 K씨의 음독자살 뉴스를 듣고 취재를 떠나기에 앞서, 자기 집으로 발길을 돌려 예복을 입고 장례식장으로 찾아갔다. 그리고 다른 사람들이 모두 돌아간 텅 빈 빈소에서 오열하고 있는 미망인에게 심심한 조의를 표하는 예를 잊지 않았던 것이다. 그런 Y기자의 태도에 감복한 미망인이 K씨가 자살한 이유를 고백했던 것이다.

이 이야기를 다시 들여다보면, Y기자가 진정한 마음으로 상대의 입장에 서서 슬픔을 공감했기 때문에 미망인이 그에게 허심탄회하게 모든 것을 밝혔다는 것을 알 수 있다.

어느 날 에머슨과 그의 아들이 송아지를 외양간에 몰아넣으려고 했다. 아들이 앞에서 끌고 아버지가 뒤에서 미는데도 송아지는 꿈쩍도 하지 않았다. 에머슨 부자는 흔히 사람들이 저지르는 잘못을 되풀이하고 있었다. 그들은 자기들의 노고와 희생만을 생각하며 불평할 줄만 알았지, 송아지가 무엇을 원하고 있는지는 생각하지 않았던 것이다.

그 어처구니없는 광경을 보다 못한 하녀가 그들을 돕겠다고 나섰다. 그녀는 에머슨처럼 논문을 쓰거나 책을 저술하지는 못했지만, 적어도 송아지를 다루는 데에는 에머슨보다 훨씬 능숙했다.

그녀는 자신의 손가락을 송아지 입에 넣어 그것을 빨게 하면서 손쉽게 송아지를 외양간으로 끌어들였다. 송아지가 바라는 것이 무엇인지를 그녀는 잘 알고 있었던 것이다.

이와 마찬가지로 인간의 모든 행위도 무언가를 바라는 데서 비롯된다. 미국의 심리학자 오버스트리트는 그의 명저 『인간의 행위를 지배하는 힘』에서 다음과 같이 말했다.

"인간의 행동은 마음속의 욕구에서 비롯된다. 그러므로 사람을 움직이는 최선의 방법은 먼저 상대의 마음속에 강한 욕구를 불러일으키는 것이다. 장사를 할 때도, 가정이나 학교에서도, 또 정치를 할 때도 사람의 마음을 움직이고자 하는 사람은 이 말을 기억해 두어야 한다. 이것을 할 수 있는 사람은 만인의 지지를 얻어낼 수 있지만, 그렇지 못한 사람은 한 사람의 지지를 얻는 일도 실패하고 말 것이다."

상대방을 설득하기 위해서는 먼저 상대방의 입장을 충분히 배려하여 그가 진정으로 무엇을 원하는지를 파악할 줄 알아야 한다.

철강왕 카네기는 원래 매우 가난해서, 처음 직장을 다니던 때에는 시간당 단돈 2센트를 받고 일을 했다고 한다. 그러나 그는 훗날 한 해에 3억 달러 이상을 기부금으로 낼 만큼 큰 성공을 거두게 되었다. 그것은 카네기 자신이 젊은 시절부터, 사람의 마음을 움직이기 위해서는 상대가 원하는 것을 찾아내어 이야기해 주는 방법밖에 없다는 것을 깨닫고 있었기 때문이다.

남을 설득한다는 것은 곧 그의 마음을 움직인다는 것이다. 상대의 입장에 서서 상대의 감정에 공감하고 같은 입장이 되는 것이 설득을 위한 기본 태도이다. 사람들은 흔히 상대가 이론으로 자신의 말에 반발하면 이론적으로 상대를 설득하려고 하지만, 실제로 감정적인 이해가 앞서지 않고는 설득의 묘妙를 찾기가 어렵다.

인간관계에서 성공을 거두지 못하고 실패하는 많은 사람들의 이야기를 종합해 보면 대부분 이론적인 설득에 그쳤을 뿐이며, 어느 누구도 상대의 입장에서 생각하지 않았다는 것을 알 수 있다. 거부하는 마음은 감정적인 이해 없이는 절대 쉽게 허물어뜨릴 수 없다.

설득은 감정의 일방통행에 의해 이루어지는 것이 아니며, 진정한 마음의 교류에 의해 이루어진다. 설득을 위한 대화가 효과를 거두지 못하는 것은 상대방의 미묘한 감정의 흐름을 제대로 이해하지 못한 데서 비롯된다. 상대방이 무슨 생각을 하는지 알지 못한 채 자신의 주장만을 강요하는 것은 매우 어리석은 일이다. 무작정 자신의 입장을 되풀이할 것이 아니라, 말을 하기에 앞서 한 번쯤 상대의 입장을 헤아려 보는 지혜가 필요하다.

대화법 ★ 상대를 내 편으로 만드는 설득의 기술 〈2〉

상대가 어떤 말을 해도 먼저 수용하는 자세를 가진다. 상대의 말을 잘 듣고 난 다음 자신의 의견을 개진해야 대화가 원활하게 진행될 수 있다.

상대를 설득하기 전에
반걸음 물러서라!

살다 보면 우리는 수많은 사람들을 만나서 대화를 나누게 되는데, 타인과의 대화가 항상 술술 잘 풀리는 것은 아니다. 상황에 따라 이야기가 잘 풀리는 경우도 있지만, 그렇지 못한 경우가 훨씬 더 많을 것이다.

사실 대화를 하다가 서로의 견해 차이로 대립하게 되었을 때는 어떠한 설득의 말도 먹혀들지 않는 경우가 허다하다. 이러한 상황이 발생하게 되면 대립이 격화되고, 또 서로의 자존심이 강하게 부딪치게 되므로 손상된 자존심을 어느 정도 보상할 수 있느냐 없느냐에 따라서 대립의 완화 여부가 결정된다.

미국의 독립에 공헌한 벤저민 프랭클린은 필라델피아에서 헌법 제정을 위한 의회가 개최되었을 때, 회의가 교착 상태에 빠지자 강한 설득력을 발휘해 원만하게 해결할 수 있었다. 당시 헌법 제정을 위한 회의가 진행되는 도중에 의원 개개인의 의견 차이가 심해서 서로에게 인신공격까지 서슴지 않게 되자 프랭클린은 단상에 올라 다음과 같이 말했다.

"솔직히 말하면, 나 역시 이 헌법에 전적으로 동의한다고 말할 수는 없습니다. 그렇지만 전적으로 반대해야 한다는 확신도 없습니다. 나 자신도 어떠한 상황에서는 나의 의지를 꺾지 않으면 안 될 입장에 놓인 적이 있습니다. 의원 여러분! 세밀한 부분을 살피다 보면 비록 이견이 있을 수 있지만, 누구나 완전무결할 수는 없습니다. 서로 조금씩 양보하여 이 헌법에 찬성해 주시기 바랍니다."

프랭클린은 자신의 속마음을 솔직히 내보임으로써 교착 상태에 빠진 안건을 원만히 해결할 수 있게 해달라고 의원들에게 호소했다. 의회에 참석했던 의원들은 결국 프랭클린의 '나 자신도 어떠한 상황에서는 나의 의지를 꺾지 않으면 안 될 입장에 놓인 적이 있습니다.'라는 말을 긍정적으로 받아들여 동지적인 입장을 갖게 되었다.

미국의 행동주의 철학자 칼 스키너의 『행동과학』에는 '상호 작용에 의해 영향을 미치는 시스템'이라는 항목이 있는데, 프랭클린의 설득은 이 상호 작용의 예라고 할 수 있다.

대립이 심하게 격화될 때는 우선 자신의 결점을 내보이고 그것을 인정한 후에 상대의 감정에 호소해야 한다. 이러한 원칙과 효과는 심리학에서도 이미 증명되고 있다.

미국 허버트 연구재단의 솔로퀸 교수는 사람의 감정과 태도의 상관관계에 대해 실험한 적이 있었다. 서로 잘 어울리지 못하고 싸움을 일삼던 남녀 학생을 한 조로 하여, 남학생에게 여학생을 지그시 바라보며 친절하게 대해 보라고 했다. 그 결과 굳어 있던 여학생의 마음이 서서히 부드럽게 풀려 남학생에게 호의적인 반응을 보였다는 것이다.

솔로퀸 교수의 이런 간단한 실험에서도 알 수 있듯이, 서로의 감정이 강하게 대립되었을 때에는 먼저 자신의 잘못을 인정함으로써 상대가 마음을 풀도록 해야 한다.

자신의 입장만 생각하고 조금도 양보하려 하지 않는다면 어느 누구도 설득할 수 없다. 먼저 상대의 자존심을 살려주어야만 쉽게 설득할 수 있다. 설득의 궁극적인 목적이 자신의 의도를 관철하는 것이라면, 잠시 동안 자신을 낮추는 것이 그리 어려운 일은 아닐 것이다.

설득하기 전에 반걸음 물러설 줄 아는 지혜를 길러야 한다.

우회적으로 자신의
입장을 설명하라!

아무리 달변가라 할지라도 말재주만으로 상대방을 설득하기는 불가능하다. 설득을 위한 설득을 하다 보면 상대방은 변명을 하게 되거나, 자기의 처지를 이해시키려는 입장에 놓이게 되므로 설득의 진의를 깨닫지 못하는 것이다.

내가 직설적인 어조로 강조하면 상대방도 강하게 나오게 되고, 이러한 과정이 몇 번 되풀이되다 보면 대화를 통한 설득은 불가능해져 버린다.

대화를 통해 설득하고자 할 때는 직설적인 방법보다는 우회적인 방법이 더 효과적이다. 만약 친구의 행동에 대해 충고하고자 한다면, 그 친구와 비슷한 행동을 하는 사람을 지적하여 말해 보라.

"저 친구는 너무 제멋대로야. 해야 할 일은 뒷전으로 미루고 술만 마시고 다닌단 말이야. 어때, 자네가 한 번 주의를 주지 그래?"라고 간접적으로 친구의 가슴에 충고의 화살을 던진다.

그러면 친구는 당신의 충고를 불쾌하게 생각하지 않고, 간접적인 충고를 오히려 고맙게 받아들일 것이다.

영국의 작가 버나드 쇼는 이러한 우회적 설득의 명수였다. 자신의 작품을 공연하는 연극을 관람할 때의 일이다. 한 관객이 공연 중에 계속 휘파람을 불어대는 것이었다. 쇼는 슬그머니 그 사람 옆으로 다가가 이렇게 물었다.

"연극이 재미없나 보죠?"

"네, 너무 시시하군요."

이 말을 듣고 쇼는 다음과 같이 말했다.

"저 역시 동감입니다. 하지만 우리 둘이서 저 많은 관객을 상대할 수는 없잖습니까?"

휘파람을 불던 사람은 쇼의 말을 듣고는 이내 고개를 끄덕였다. 그리고 다시는 휘파람을 불지 않았다.

쇼가 직접적으로 충고했다면 벌집을 건드리는 결과를 가져왔을 것이다. 하지만 제삼자를 통하거나 우회적으로 잘못을 지적하면 상대방을 불쾌하게 하지 않으면서 잘못을 뉘우치게 할 수 있다.

타인과의 대화에서 서로 이견이 생겼을 때는 가능한 한 논쟁을 피하는 것이 바람직하다. 왜냐하면 서로의 이견은 못과 같아서 때리면 때릴수록 더욱 깊이 박히기 때문이다.

이와 마찬가지로 설득하고자 하는 상대에게 직설적으로 접근했을 경우, 그가 반박하고 나서면 설득은 더욱 어려워진다. 상대방의 기분을 맞추어 주면서 내 의견에 동조하게 만드는 여유가 있어야 한다.

대화법 ★ 상대를 내 편으로 만드는 설득의 기술 〈3〉
항상 자신감 있는 태도를 가진다. 상대방의 호감을 얻기 위해서는 자신이 건실하고 강한 자신감에 불타고 있다는 것을 보여주어야 한다.

구체적인 예를 들어
신뢰도를 높여라!

인간은 본래 듣는 것보다 말하는 것을 더 좋아한다. 하지만 흥미 있는 예화나 구체적인 실례를 들어가며 이야기하면 어느 정도 관심을 갖게 되고, 상대의 말에 귀를 기울이게 된다. 상대의 말을 듣는 것이 아니라 이야기에 흥미를 갖는 것이다.

석가모니도 자신이 깨달은 도를 제자들에게 설파할 때, 직설적 방법보다는 비유법을 사용하여 알아듣기 쉽게 배려하였다고 한다. 석가뿐이 아니다. 예수도 설교를 할 때면 눈과 귀로 확인할 수 있는 구체적인 비유를 들어 진리를 전파했다고 한다. 또 『이솝 우화』도 말하고자 하는 내용을 우화로써 표현하였기 때문에 오늘날까지도 전 세계적으로 애독되고 있는 것이다.

이와 같이 상대방의 마음을 사로잡으려면 구체적인 예화나 실례를 들어가며 이야기를 이끌어 가는 것이 좋다.

어느 일간지에 실렸던 두 건의 기사를 한번 예로 들어보자.

"날카로운 피스톨 소리가 적막을 깨뜨렸다."

"어떤 사건—그 자체는 작지만 그 결과는 작지 않은 사건—이 9월 첫 주에 발생했다."

두 기사의 첫머리 문장은 이야기 스타일로 시작되었기 때문에, 사람들의 궁금증을 유발시킴으로써 구체적인 내용에 대한 흥미를 배가시킨다.

구체적인 실례를 들어 이야기하는 것은 이처럼 흥미를 자아낸다. 흥미로운 이야기부터 먼저 꺼내면, 대화 자체에 관심이 없던 상대도 이야기의 중심으로 빠져들기 때문에 만족할 만한 결과를 얻어낼 수 있는 것이다.

그러나 사람들은 보통 일반적인 서술 방식으로 이야기를 전개하는 습관에 젖어 있기 때문에, 실례를 들어 이야기하는 것에는 익숙하지 못한 것이 사실이다.

화술의 천재로 일컬어지는 히틀러도 사실은 그의 각료 중한 사람이었던 괴벨스와 비교하면 어설픈 연설가에 지나지 않았다. 괴벨스는 예리하면서도 능숙한 웅변가였다. 반면에 히틀러의 목소리는 째질 듯 날카로웠고, 그의 연설은 자주 끊기곤 했다. 그런데도 청중이 많이 모인 장소에서 히틀러가 연설을 하면 그들은 광적으로 열광하곤 했다.

그 까닭은 무엇일까? 그것은 히틀러가 군중에게 행한 연설의 내용 때문이었다.

어떤 사람은 히틀러의 연설이 성공한 이유를 괴벨스에게서 찾기도 한다. 괴벨스가 날씨·장소·위치 등의 부대 상황을 면밀히 고려했기 때문에 히틀러의 연설이 성공을 거둘 수 있었다고 생각하는 것이다. 이러한 해석에도 일리는 있겠지만, 근본적인 요인은 다른 데 있었다.

히틀러는 충분한 예화, 공감할 수 있는 실례를 효과적으로 이용하여 연설을 이끌어 갔던 것이다. 한때 독일 국민을 광기로 몰아넣어 전 세계를 전쟁의 소용돌이 속에 빠뜨리기도 했지만, 독일 국민을 설득한 히틀러의 뛰어난 화술 능력만은 인정하지 않을 수 없다.

> **대화법 ★ 상대를 내 편으로 만드는 설득의 기술 〈4〉**
>
> 보디랭귀지를 적절하게 활용한다. 훌륭한 대화의 비결은 자연스러운 표정과 몸짓에 있다.

자신의 입장을 이해시킬 수 있는
방법을 강구하라!

"나의 입장이 돼서 생각해 보십시오."라는 말로써 상대에게 자기의 입장을 설명하면 뜻밖의 효과를 기대할 수 있다. 상대가 나의 입장에서 생각해 볼 수 있도록 하는 것은 심리적으로 상대에게 '역할 연기'를 시키는 것이다. '역할 연기'란 나의 역할을 상대가 해봄으로써 나의 상황을 실감하도록 하는 것이다.

출세 가도를 달리던 미국 육군 대령이 있었다. 일찍이 그가 육군사관학교에 입학하려 할 즈음에 미국은 대공황이 불어 닥쳐 사회적으로나 경제적으로 혼란이 극도에 달해 있었다. 따라서 학비 걱정이 없던 육군사관학교에 지원자가 몰려들어, 흔한 말로 배경이 없으면 입학하기가 매우 어려웠다. 그는 연줄이라고는 전혀 없었지만, 용기를 내서 자신이 사는 지역의 유력자를 찾아갔다.

"만약 당신이 제 입장이라면 어떻게 하시겠습니까?"

그는 유력자에게 단도직입적으로 추천을 부탁했다. 그 결과 그는 영향력 있는 많은 사람들의 추천을 받을 수 있었다.

상대를 설득하려면 우선 상대를 자기의 관심사에 집중시켜 같은 입장에 놓이도록 분위기를 이끌어야 한다.

1746년 4월 왕위 쟁탈전에서 패하여 스코틀랜드로 피신한 영국의 찰스 왕세자는 신변에 위협을 느끼면서 피신 생활을 계속했지만 무사히 살아남을 수 있었다. 경쟁자 컴벌랜드 공작은 엄청난 액수의 현상금을 내걸고 왕세자를 잡으려 했지만, 찰스 왕세자는 5개월 동안 가난한 어부들 틈에서 유유히 기회를 엿보며 지냈다.

일반적으로 생각하면 인간의 속성상 아무리 도의적인 사람이나 신의를 중시하는 사람이라도 재물에 현혹되면 마음이 흔들리게 마련인데, 어부들은 결코 탐욕스런 심리를 드러내지 않았다.

왜일까? 이유는 간단하다. 그것은 찰스 왕세자의 설득의 힘이었다. 그는 어부들에게 "여러분도 나의 입장에 서보시오." 하는 한마디의 말로써 인간적인 공감을 불러일으켰던 것이다.

사람들은 항상 자신이 불행한 존재라고 생각하기 쉽다. 부자는 부자대로 그 이상의 부를 지니지 못한 것을 불행으로 여기고, 가난한 사람은 가난 자체를 불행으로 여기며 살고 있다. 이러한 인간의 상대적 빈곤 심리를 잘 활용하면 설득의 효과는 절대적이 된다. 행복한 기분에 젖어 살고 있다면 무슨 설득이 필요하겠는가?

상대의 입장과 나의 입장이 같은 선상에 있다는 것을 강조하거나, '나의 입장이 되어보면 당신도 이해할 것'이라는 말은 가장 효과적인 설득의 테크닉이다.

인간은 이해와 협력의 심리가 상호 작용하면 다른 어떤 욕망의 힘보다도 강한 영향력을 발휘한다. 인간의 만족이란, 주려고 하는 심리에서 얻어질 수도 있기 때문이다.

"입장을 바꾸어 놓고 생각해 보십시오."라는 한마디가 주는 힘은 의외로 크다. 상대가 자신에게 헌신할 수 있도록 솔직하게 협조를 구할 수 있는 사람은 분명 성공을 향한 지름길을 가고 있는 사람이다.

대화법 ★ 상대를 내 편으로 만드는 설득의 기술 〈5〉

상대의 입장이 되어본다. 상대의 입장에 서서 상대의 감정에 공감하고, 같은 입장이 되어보는 것이 설득을 위한 기본 태도이다.

상대의 잘못을
감싸 줄 수 있는 말을 하라!

남과 더불어 살아가다 보면 상대방에게 호의적인 감정을 얻어내야 할 경우가 많다. 이럴 때 상대방에게 자신이 더 좋지 못한 입장에 놓여 있다는 것을 인식시킴으로써 호감을 얻을 수 있다.

체스터필드는 그의 아들에게 이렇게 말했다.

"사람은 가르치지 않는 것 같으면서 은밀히 가르쳐야 잘 배우며, 상대가 모르는 것은 잊어버린 것처럼 인정해 주어야 잘 받아들인다."

이 말은 남에게 지혜로운 척 잘난 체하면 호감을 사지 못한다는 뜻이다.

루스벨트는 자신의 생각이 70퍼센트만 옳다고 인정받아도 더 이상 바랄 것이 없다고 말한 적이 있다. 아무리 위대한 사람이라도 완벽할 수는 없는 법이다.

사람은 누구나 남에게 지적받으면 자존심에 상처를 입게 된다. 만일 당신이 누군가의 잘못을 지적한다면 상대는 당연히 세차게 반격을 가해 올 것이다. 생각을 바꾸려는 마음 따위는 염두에 두지 않는다. 아무리 올바른 논리로 설득하려 해도 상대의 의견은 쉽사리 변하지 않는다. 상처를 입은 것은 논리가 아니고 감정이기 때문이다.

"그럼, 자네에게 그 이유를 설명하지."라고 말하는 것은 "내가 당신보다 훨씬 우월한 사람이니까, 자네가 생각을 바꿀 수 있도록 잘 가르쳐 주지."라는 말과 같다. 이는 설득이 아니라 그야말로 도전이다. 상대에게 반항심을 일으키게 하고, 전투 준비를 서두르게 하는 것과 마찬가지다.

타인의 생각을 바꿔 나에게 동조시킨다는 것은 매우 어려운 일이다. 사람을 설득하고 싶다면 상대가 눈치 채지 못하게 해야 한다.

"가르치지 않는 척하면서 가르쳐 주고, 상대가 모르면 잊은 것이겠거니 말해 준다."

이것이 비결이다. 때로는 상대의 잘못을 보고도 모른 척해야 할 경우도 있고, 잘못을 지적할 때도 상대가 공감할 수 있도록 감싸 줄 필요가 있다.

자신의 잘못을 감싸 주는 사람에게 고마움을 느끼는 것은 당연하다. 남의 잘못을 부득이 꼬집어 말해야 될 때라도, 호의적인 반응을 얻기 위해서는 언제나 나는 상대보다 못하다는 점을 강조해야 한다.

사람은 자기가 옳다고 생각하면 그 일의 결과가 나쁘다고 할지라도 쉽게 그것을 인정하려 들지 않고, 궤변을 늘어놓으며 애써 자신의 실수를 변명하려고 한다. 따라서 이러한 심리를 적절히 이용해야 한다.

D공구 회사에서 생산되는 공구 중에는 국내 유일의 제품이 몇 가지 있었다. 물론 외국 제품이 있기는 하지만 수입되어 들어오는 시간과 비용이 만만치 않기 때문에, D사는 그 제품을 거의 독점하다시피 하고 있었다.

건축업을 하는 박씨도 그 회사의 제품을 주문하여 사용하게 되었는데, 납품된 제품이 규격에 맞지 않는 것이었다. 박씨는 D사에 강력하게 항의하기로 마음먹었다.

그러나 문제가 하나 있었다. 건물의 완공 예정일까지 외제 공구가 수입될지도 확실하지 않은 상황이었기 때문이다. 생각다 못한 박씨는 D사를 찾아가 사장에게 정중히 말했다.

"이번에 보내 주신 공구를 보니까 규격이 맞지 않던데, 혹시 다른 곳으로 갈 것이 아니었나요? 아니면 제가 규격을 잘못 적어 드린 것 같습니다."

박씨는 공구를 잘못 제작한 회사 측을 나무란 것이 아니고 자신의 실수인 척 D사의 책임을 모두 덮어주었다. D사의 사장은 그러한 박씨의 태도에 감동하여, 서둘러 제품을 다시 제작해 주었다.

이처럼 상대와의 논쟁은 가급적 피하고, 때에 따라서는 상대의 잘못을 감싸 주는 선인의 기질도 베풀 줄 알아야 한다.

대화법 ★ 상대를 내 편으로 만드는 설득의 기술 〈6〉

자신을 낮추고, 상대를 최대한 높여준다. 자신의 입장만 생각하고 조금도 양보하려 하지 않는다면 어느 누구도 설득할 수 없다. 먼저 상대의 자존심을 살려주어야만 쉽게 설득할 수 있다.

설득은 적극적으로 해야 한다

다른 사람을 설득할 수 있는 좋은 방법은 없을까? 이것은 늘 우리를 따라다니는 질문이지만, 분명한 해답을 찾기란 쉽지 않다.

인간은 항상 자기 입장만을 내세워 변명을 늘어놓는다. 그래서 상대의 변명을 듣다 보면 설득하고자 한 나의 결심이 흔들리게 되고, 말도 한마디 못 해보고 상대의 변명만을 듣게 되는 경우도 있다.

따라서 반드시 설득해야 할 때는 상대가 자신의 입장을 생각하고 이야기할 시간과 마음의 여유를 주어서는 안 된다. 꼬인

매듭을 풀어가듯 조리 있게 지속적으로 상대를 휘어잡고 나의 페이스대로 대화를 이끌어야 한다.

조선 시대 광해군의 즉위 시절의 이야기다. 광해군은 자신의 생모를 추대하여 대비로 승격시킬 마음을 먹고 대신들을 설득했다. 그러나 대신들은 서로 자신들의 입장과 명분을 들어 찬성과 반대의 두 무리로 갈라졌다. 그때 이항복이 송순에게 이렇게 말했다.

"옛날 송나라의 인종이 자기 생모 이신비를 추천할 때는 범중엄과 같은 무리도 다투지 않았는데, 오늘날 우리들은 그들 무리보다도 더 훌륭한가 보군요."

이항복의 이 통렬한 한마디에 어느 대신들도 반박할 수가 없었다. 이항복은 상대를 설득하기 위해서 대의명분을 강조했고, 반박의 여지를 없애기 위해 간신의 무리들과 비교했던 것이다. 결국 대신들은 명분에 귀를 기울이지 않을 수 없었고, 간신들과 자기들이 비교되는 현실 자체를 회피하기 위해 입을 다물고 말았다.

설득의 순간에는 반박의 여지를 없애는 것이 중요하다. 논리적인 이유를 들거나, 설령 인간적인 입장을 내세우더라도 상대방이 설득에 대해 반발 심리를 지니고 있으면 효과를 얻기 어렵다. 그러므로 일방적으로 설득할 수 있는 적극적인 테크닉이 필요하다.

마케도니아의 필리포스 왕은 백성들의 일에는 관심이 없고 오로지 국가 대사만을 내세우는 왕이었다. 하루는 사기꾼에게 속아 재산을 다 빼앗긴 한 노파가 필리포스 왕에게 억울함을 호소해 왔다. 그러나 백성들의 사소한 일에는 관심이 없던 필리포스 왕은 노파에게 이렇게 말했다.

"어찌 그런 사소한 일로 나를 찾아오는가? 나는 바빠서 그런 일에는 신경을 쓸 수 없도다."

그러나 노파는 물러나지 않았다.

"전하, 전하께서는 막중한 국가 대사를 막힘없이 처리하시니, 이런 사소한 일쯤이야 식은 죽 먹기보다 쉬울 것입니다."

왕은 노파의 말에 아무런 대꾸도 하지 못했다. 노파의 재치 있는 말 한마디가 필리포스 왕의 사고방식마저 바꾸어 놓은 것이다.

설득의 말을 할 때는 짧으면서도 상대에게 반박할 여지를 주지 않는 적극적인 표현을 써야 한다.

대화법 ★ 상대를 내 편으로 만드는 설득의 기술 〈7〉

상대방의 마음을 사로잡으려면 구체적인 실례를 들어가며 시작하는 것이
좋다. 친절하게 예를 들어주면 상대의 흥미를 이끌어 낼 수 있으며, 대화
자체에 관심이 없던 상대도 이야기의 중심으로 빠져들기 때문에 만족할
만한 결과를 얻을 수 있다.

상대의 말은
끝까지 경청해야 한다

상대를 설득한답시고 시종일관 자기 말만 하는 사람이 있다. 상품을 파는 세일즈맨, 혹은 홍보 담당자들 대부분이 이런 식의 대화를 고집한다. 그러나 그런 일방통행식 화법은 효과를 거두기 힘들다.

자신의 의견을 관철하기 위해서는 우선 상대방에게 충분히 말할 시간을 주어야 한다. 상대의 의견에 반박하고 싶더라도 우선 참는다. 말이 끝나기도 전에 이야기를 중단시킨다면 불쾌감이 더해져 대화는 더욱 어려워진다. 상대가 자기 자랑을 많이 하게 함으로써 대화를 나에게 유리하도록 전개시켜 보라.

얼마 전 K산업에서 직원을 모집할 때, 모 대학 졸업생 김 양이 응시하겠다며 조언을 구해 왔다. 필자는 그녀에게 K사의 사업에 대한 상세한 자료를 수집해서 면접에 대비하라고 일러주었다.

그녀는 면접 때 직접 사장에게 "이런 훌륭한 업적을 낳은 회사에서 일할 수 있다면 영광이겠습니다. 어떻게 이런 기적을 창출하셨습니까?"라고 말했다.

성공한 사람들은 대개 자신의 성공담을 이야기하고 싶어 한다. K산업의 사장도 예외는 아니어서 자신의 업적을 알아주는 김 양에게 상당한 호의를 갖게 되었고, 결국 그녀는 합격의 영광을 안았다.

프랑스의 철학자인 라 로슈푸코는 "적을 만들고 싶다면 친구를 이기고, 우정을 쌓고 싶다면 친구가 이기도록 만들어라."고 말했다.

전문 상담가인 엘리엇 박사는 "상담에 특별한 비결 같은 것은 없다. 그저 상대의 이야기에 귀 기울여 주는 것이 중요하다."고 했다.

유명 작가 A는 사람들로부터 "당신은 일류 작가라지요?"라는 말을 들으면 항상 "천만에요, 운이 좋았을 뿐이지요."라고 겸손하게 대답했다고 한다.

사람들은 안하무인인 사람보다는 매사에 겸손한 태도를 보이는 사람에게 호의를 보인다. 타인의 성공을 진심으로 기뻐해 주기보다는 시샘하게 되고, 타인의 불행을 더 기뻐하는 등 이기적인 면이 더 강한 것이 사람의 묘한 심리다.

그러므로 상대의 능력을 인정해 주고 우월감을 충분히 표현할 수 있게 한 다음 말문을 연다면 좋은 결과를 얻을 수 있다. 특히 세일즈를 할 때나 사업상 상대를 설득해야 할 경우에 이러한 방법이 크게 효과를 볼 수 있다.

무조건 자기 이야기에 빠져서 상대의 말문을 막는다면, 자신의 얘기 또한 마찬가지로 상대에게 먹혀들지 않게 된다.

상대의 말을 끝까지 경청하라. 그러면 자연히 설득의 길이 열릴 것이다.

대화법 ★ 상대를 내 편으로 만드는 설득의 기술 〈8〉

역지사지易地思之의 원리를 적극 활용한다. 상대의 입장과 나의 입장이 같은 선상에 있다는 것을 강조하거나, '나의 입장이 되어보면 당신도 이해할 것'이라는 말은 상대를 설득할 수 있는 가장 효과적인 테크닉이다.

거부 반응을
긍정적으로 받아들여라!

　설득할 때 가장 염두에 두어야 할 것은 설득에 대한 상대의 거부 반응이다. 사실 그러한 거부 반응은 당연한 것이므로, 처음부터 자신의 말에 상대방이 호의적인 반응을 보일 것이라는 안이한 생각은 접어두는 것이 좋다.

　설득은 많은 장애를 헤쳐 나가야 하는 힘든 과정의 연속이다. 사람들은 대개 남의 존재나 생각에 대해 배타적이고, 자기에게 상대방의 생각이 유입되는 것을 의식적으로 거부하기 때문에 설득에는 테크닉이 필요한 것이다.

　설득에 장애가 생긴다면 실망하지 말고 장애를 분석하여

무엇이 문제인지를 이해해야 한다. 장애를 이해한다는 것은 가능한 한 자기 스스로를 납득시킬 수 있는 아량을 지녔음을 의미한다.

인테리어 디자이너인 문 사장은 건축 설계보다 인간관계가 더 어렵다고 고백하면서, 상대를 설득할 일이 생기면 우선적으로 설득을 가로막는 장애를 모두 자기 것으로 만들어 버린다고 한다.

그는 어려움에 직면할 때마다 "설득의 장애물은 모두 빨갛게 칠해 버리자."라고 읊조린다고 한다. 장애물을 빨갛게 칠해 버린다는 말은, 설득의 장애를 모두 자기에게 유리하도록 새롭게 해석한다는 뜻이다.

상대가 소심한 편이어서 태도가 미온적이면 "선생님은 사려가 매우 깊으시군요."라고 하고, 외곬으로 고집을 피우면 "신념이 굳으십니다."라고 좋게 해석해서 말한다. 또한 말을 잘 듣지 않는 사람에게는 뻔뻔하고 거만하다는 생각을 하기에 앞서 "무척 대범하십니다."라고 칭찬을 하면, 나중에 자기 쪽으로 끌어들이기 쉽다는 것이다.

유명 베스트셀러 작가 이씨는 붓을 들어 상대를 비평하거나 공박할 때는 피도 눈물도 없는 사람처럼 가차 없이 논지를 전개한다. 그러나 누군가 자신에게 직접적으로 반론을 제기하고 도전하는 경우, 그들의 비난을 모두 기분 좋게 받아들여 결코 상대에게 불쾌한 여운을 남기지 않는 것으로 유명하다.

심지어 자기의 견해에 정면으로 도전장을 낸 사람을 자기 집으로 초대하여 그들의 말을 경청하는 겸손한 태도를 보이기도 한다. 그리하여 결국 비난하던 상대에게 자기의 주장을 납득시켜 설득하곤 한다.

설득하고자 할 때는 결코 정면 승부에 집착해서는 안 된다. 설득을 할 때 장애 요인이 생기는 것은 당연하기 때문에, 거기에 대해 관용의 자세를 가짐으로써 그 장애를 자신에게 유리하게 만들 수 있어야 한다.

사사건건 시비를 가리려는 태도가 오히려 역효과를 나타내 설득의 기회를 망쳐버린다. 장애가 생길 경우에는 처음부터 이해하는 태도로 출발하라.

대화법 ★ 상대를 내 편으로 만드는 설득의 기술 ⟨9⟩
상대가 자신의 우월함을 충분히 나타낼 수 있도록 한다. 상대의 능력을 인정해 주고 우월감을 충분히 표현할 수 있게 한 다음 말문을 열면, 좋은 결과를 얻을 수 있다.

경우에 따라서는
직설법으로 공략해야 한다

대화를 할 때 무수히 내뱉는 말 중에서, 논점을 빗나가지 않는 직접적인 말이 상대에게 강한 인상을 줄 수 있다는 것은 너무도 당연한 이치이다. 화려한 말의 기술보다도 한마디의 직접적인 표현이 상대방을 설득하는 데 훨씬 더 효과적이라는 것을 우리는 사회생활을 통해서도 알 수 있다.

현대 사회는 급변하는 지식·정보 혁명의 시대이다. 생활환경이 너무 빠르게 변하기 때문에 사람들은 점점 간단명료한 말을 선호하게 되고, 반대로 너저분하게 늘어놓는 변명 따위의 말은 별로 좋아하지 않는다.

유명한 여배우의 사진이 필요했던 어느 신문사에서 베테랑 사진기자에게 그녀의 사진을 찍어 오라고 했다. 그 기자는 여배우의 집 근처에서 카메라를 들고 숨어서 그녀가 나타나기를 기다렸다. 그러나 막상 셔터를 누르려고만 하면 그때마다 그녀가 얼굴을 가리거나 돌려 촬영을 하기가 곤란했다. 그는 어쩔 수 없이 신출내기 사진기자에게 그 일을 맡기고 말았다. 물론 그 일이 쉽지 않을 거라는 이야기도 잊지 않고 해주었다.

그런데 신참 기자는 한 시간 만에 여배우의 사진을 찍어 가지고 돌아왔다.

깜짝 놀란 선배 기자는 그에게 어떻게 촬영했는지를 묻지 않을 수 없었다.

"자네 능력이 무척 뛰어나군. 어떻게 그렇게 쉽게 찍었나?"

"능력이라뇨? 그냥 정중히 부탁했을 뿐인걸요."

선배 기자는 놀라지 않을 수 없었다.

신참 기자는 여배우의 집을 직접 찾아가서 아무 거리낌 없이 "당신의 사진이 필요해서 찾아왔습니다. 사진 좀 찍어도 될까요?"라고 요청했다고 한다. 그러자 그녀는 미소를 지으면서 선선히 촬영에 응하더라는 것이다.

선배 기자는 여배우가 거절할지도 모른다는 생각에 대담할 수가 없었지만, 신참 기자는 자기에게 필요한 것을 머뭇거리지 않고 당당하게 부탁했기 때문에 성공할 수 있었다.

우리들의 일상적인 대화는 대개 설명형으로 이루어져 있다. 한 가지 사실을 이야기할 때도 줄줄이 나열하여 말해야만 쉽게 이해될 것이라는 잘못된 생각을 가지고 있다. 하지만 '빈 수레가 요란하다.'는 속담처럼, 겉모습이 화려한 것일수록 실제 내용은 충실하지 못한 경우가 많다.

무언가를 부탁하려고 할 때는 직접적으로 도움이 필요하다고 말하는 것이 훨씬 효과적이다.

> **대화법 ★ 상대를 내 편으로 만드는 설득의 기술 〈10〉**
>
> 설득에 장애가 생긴다면, 장애의 원인을 분석하여 무엇이 문제인지를 파악해야 한다. 무조건 흥분하여 사사건건 시비를 가리려는 태도는 오히려 역효과를 내서 설득의 기회를 망쳐버릴 수 있다.

격한 감정의 상대에게는
부드럽게 맞서라!

화가 났을 때 상대를 마음껏 공박하면 틀림없이 가슴이 후련해질 것이다. 그러나 공박당한 사람도 똑같이 가슴이 후련할 수 있을까? 싸움에서 두들겨 맞은 사람이 가해자가 바라는 대로 기분 좋게 움직여 줄 수 있을까?

윌슨 대통령은 이렇게 말했다.

"만약 상대가 주먹을 불끈 쥐고 다가서면 나 자신도 질세라 주먹을 쥐고 맞선다. 그러나 상대가 '서로 잘 의논해 보는 것이 어떻겠습니까? 그리고 만약 의견 차이가 있으면 그 이유나 문제점을 찾아봅시다.' 하고 온화하게 말하면, 결과적으로 의견의 차이는 큰 문제가 되지 않는다. 쌍방 간에 생길 수 있는 견해 차이는 서로의 인내와 솔직함과 의지만 있으면 충분히 해결할 수 있다."

이러한 윌슨의 말을 누구보다도 잘 이해하고 있는 것은 존 D. 록펠러 2세였다.

1915년, 록펠러는 콜로라도 주 시민들로부터 원성을 사고 있었다. 미국 역사상 가장 길고 규모가 컸던 파업이 2년여에 걸쳐 콜로라도 주를 뒤흔들고 있었기 때문이다. 임금 인상을 요구하는 종업원들과 경영자인 록펠러의 대립은 극도로 첨예화되고 있었다.

격렬한 시위로 인해 회사 건물이 파괴되자 결국 주 방위군이 출동했고, 끝내 시위대를 향해 발포함으로써 많은 노동자들이 죽거나 다치는 유혈 사태로 번졌다.

이와 같은 노사 간 대립의 소용돌이 속에서도 록펠러는 어떻게든 노동자들을 설득하려고 노력했다. 그리고 그는 마침내 종업원들을 설득할 수 있었다.

그는 몇 주일간에 걸쳐 화해를 위해 노력한 끝에 파업을 주도한 종업원 측의 대표자들과 한자리에서 만나 이야기할 수 있었다. 이때 그는 어느 한 곳 흠잡을 데 없는 연설로 기대 이상의 성과를 거두었다. 그 연설을 계기로 록펠러의 부도덕성에 대한 논의를 둘러싸고 끓어오르던 종업원들의 증오 물결은 차츰 가라앉기 시작했고, 많은 사람들이 일터로 복귀했다.

록펠러는 그 연설에서 우정에 넘치는 태도로 사실을 차근차근 설명했다. 그 결과 노동자들은 그렇게 강력하게 주장하던 임금 인상에 대해서 더 이상 이의를 제기하지 않았다.

당시 연설의 첫머리는 다음과 같다.

"저는 이렇게 여러분 앞에 서게 된 것을 대단히 자랑스럽게 생각하고 있습니다."

록펠러는 조금 전까지만 해도 그를 교수형에 처해도 시원치 않다고 생각하고 있던 종업원들을 상대로 매우 우호적인 말투로 온화하게 연설을 시작했다. 심지어는 자선 단체에 대하여 이야기할 때에도 이렇게까지 다정하고 온화한 태도를 취하지 않았을 것이라는 생각이 들 정도였다.

이렇게 말문을 연 록펠러는 계속해서 자신의 심정을 털어놓았다.

"오늘은 내 생애에서 특히 기념해야 할 날입니다. 우리 회사의 종업원 대표 및 간부 여러분을 뵙게 된 것을 대단한 영광으로 생각하고 있습니다. 그리고 이 자리에 나오게 된 제 자신이 자랑스럽습니다. 이 만남은 오래도록 저의 기억에 남을 것입니다. 만약 이 만남을 2주일 전에 가졌더라면 아마 저는 극히 몇

분을 제외하고는 대부분의 사람들과 서먹한 관계를 유지하게 되었을지도 모릅니다. 저는 지난 주 남쪽 광구의 광산을 빠짐없이 방문하여 때마침 계시지 않았던 분을 제외하고는 거의 모든 대표자들과 개별적으로 이야기했고, 또 여러분의 가족들도 만나 보았습니다. 그렇기 때문에, 우리들은 타인이 아닌 친구로서 지금 만나고 있는 것입니다. 이러한 우리들의 우정에 바탕을 두고 나는 우리들 공통의 이해관계에 대해 여러분들과 이야기하고 싶습니다. 이 만남은 회사의 간부 사원과 종업원 대표 여러분들의 합의 하에 이루어진 것입니다. 간부 사원도 아니고 종업원 대표도 아닌 제가 오늘 이 자리에 나오게 된 것은 오직 여러분의 호의 덕분이라고 생각하고 있습니다. 저는 간부 사원도 종업원 대표도 아닙니다만, 주주와 중역의 대표자인 점을 감안하면 여러분과 밀접한 관계가 있다고 생각합니다.”

록펠러의 이 연설은 그야말로 적을 내 편으로 만드는 대화법의 견본이라고 할 만하다. 만약 록펠러가 종업원들과 잘잘못을 따지며 논쟁을 벌이고 자본의 힘을 방패삼아 잘못을 모두 노동자 측에 떠넘겼다면, 혹은 그들의 잘못을 이론적으로 증명하려고 했다면 어떻게 되었을까? 그야말로 불에 기름을 끼얹은 것처럼 사태는 일파만파로 악화되었을 것이 분명하다.

상대의 마음이 반항과 증오로 가득 차 있을 때는 아무리 이치를 따지며 설명해도 설득할 수 없다. 어린이를 꾸짖는 부모, 권력을 휘두르는 고용주, 남편에게 바가지 긁는 아내, 이런 사람들은 자기의 마음을 쉽게 바꾸지 않는다는 것을 항상 염두에 두고 있어야 한다.

자신의 의견에 반대하는 사람을 무리하게 자기의 의견에 동조하게 할 수는 없다. 그러나 온화하고 격의 없는 태도로 상대를 설득한다면 상대는 적어도 자신의 마음을 열 수 있는 최소한의 준비를 하게 된다.

링컨은 이미 200년 전에 "1갤런의 쓴 국물보다도 한 방울의 벌꿀로 더 많은 파리를 잡을 수 있다."고 말했다.

만약 상대를 자기 의견에 찬성하게 하려면 먼저 당신이 그의 편이란 것을 알려야 한다. 이것이야말로 사람의 마음을 사로잡는 한 방울의 벌꿀과 같은 것이며, 상대의 이성에 호소하는 최선의 방법이다.

경영자 가운데는 파업을 주도하는 노동자들과 우호적인 대화를 나누는 것이 노사 쌍방에 모두 이롭다는 것을 일찍부터 알아차린 사람들도 있다.

화이트 모터 회사의 2,500여 명에 달하는 종업원들이 임금 인상과 유니온 숍 제도를 채택해 달라고 요구하며 파업을 일으켰다. 사장인 로버트 F. 블랙은 주동자들에 대해 조금도 나쁜 감정을 나타내지 않고 클리블랜드 신문과의 인터뷰에서 그들이 '평화적으로 파업에 임하고 있다.'고 말하며, 그들의 행위에 정당성을 부여했다. 이는 매우 이례적인 일이었다.

피켓을 들고 있는 사람들이 지루해하는 것을 보고 그는 야구 기구를 사들여 공터에서 야구를 하도록 권했고, 볼링을 좋아하는 사람들을 위해 볼링장을 빌려주었다.

회사의 최고 경영자가 취한 이 우호적 태도는 노동자들을 감동시키기에 충분했다. 노동자들은 청소 도구를 빌려와서 공장 주위를 말끔히 청소하기 시작했다. 그들은 임금 인상과 유니온 숍 제도 실시를 위한 투쟁을 하면서도, 한편으로 공장 주변을 청소하면서 작업 재개를 준비했던 것이다.

이 파업은 1주일을 넘기지 않고 원만하게 타결되었다. 노사 모두 감정의 여운을 남기지도 않았다.

유창한 웅변 실력을 가진 미국의 정치가 다니엘 웹스터는 자기의 주장을 관철하는 능력이 뛰어난 사람으로 유명하다. 법정에서조차 감히 그 앞에 나설 변호사가 없을 정도였다.

그는 아무리 격렬한 논쟁을 하는 경우에도 지극히 온화한 태도로 말했다. 결코 고압적인 말투는 쓰지 않았다. 자기의 의견을 억지로 상대에게 밀어붙이려고도 하지 않았고, 격의 없는 태도를 보였다. 그것이 막힌 문제를 풀어가는 그의 성공 비결이었다.

우리 주변에 노동 쟁의 해결을 부탁하거나 피고의 변론을
의뢰하는 사람은 많지 않겠지만, 집세나 땅값을 싸게 해달라는
사람은 얼마든지 있을 것이다. 이러한 상황에 처한 사람에게 온
건한 대화법이 얼마나 유용한지를 생각해 보자.

아파트에서 혼자 자취를 하는 허 모 기자는 집세를 내려달
라고 건물 주인에게 말하고 싶었다. 그러나 집주인은 매우 완
고한 사람이었다. 그렇다면 그는 어떻게 집주인을 설득했을까?
그가 어떤 강습회에서 공개한 이야기를 소개한다.

＊　＊　＊

나는 계약 기간이 만료되는 대로 아파트를 나가겠다고 건
물 주인에게 편지로 통고했다. 그러나 사실은 나가고 싶지 않
았다. 집세를 내려준다면 그대로 눌러 있고 싶었다.

그러나 상황은 아주 비관적이었다. 다른 세입자들도 모두
집세 인하를 시도했지만 실패했고, 집주인이 생각보다 다루기
까다로운 사람이라고 모두들 입을 모아 말하고 있었다. 나는
마음속으로 생각했다.

'나는 강습회에서 사람을 다루는 법을 배웠다. 집주인에게

응용하여 효과를 시험해 보자.'

내가 보낸 편지를 받고 집주인은 비서를 데리고 나를 찾아왔다. 나는 웃음 띤 얼굴로 쾌활하게 그를 맞이하며 마음에서 우러나는 호의를 보였다. 집세가 비싸다고는 결코 말하지 않았다. 먼저 나는 이 아파트가 대단히 마음에 든다고 말을 꺼냈다. 실제로 나는 '아낌없이' 칭찬했다.

아파트 관리에 대해서도 대단히 만족하고 있고, 적어도 1년쯤은 더 살고 싶은데 그렇게 할 수 없어서 아쉽다고 집주인에게 말했다.

집주인은 지금까지 거주자에게서 이러한 환영을 받은 일이 한 번도 없었던 듯했다. 완전히 자기 예상과는 딴판이라고 느끼는 눈치였다.

잠시 생각에 잠겨 있던 집주인은 자기 입장을 털어놓기 시작했다. 그는 괴로운 사정만 말하는 거주자들 가운데는 불평을 담은 편지를 14통이나 보낸 사람도 있었고, 그중에는 모욕적인 편지도 몇 통 있었다고 말했다.

"세입자들 가운데 당신처럼 말이 통하는 분이 있다는 것이 정말 기쁘군요."

내가 아무 말도 꺼내지 않았는데도 집주인은 이렇게 말하며, 먼저 집세를 조금 내리면 계속 살겠느냐고 물었다.

나는 분명하게 내가 지불할 수 있는 금액을 말했다. 그러자 집주인은 그 자리에서 흔쾌히 승낙해 주었다.

그리고 그는 "방의 인테리어를 바꿔드리고 싶은데, 특별히 원하시는 것이라도 있습니까? 언제든지 말씀해 주십시오." 라고 말하며 돌아갔다.

만약 내가 다른 거주자와 똑같은 방법으로 집세 인하를 요구했다면 틀림없이 그들처럼 실패하고 이삿짐을 싸야 했을 것이다.

✳　　✳　　✳

결국 우호적이고 친근한, 그리고 감사에 넘친 대화법이 성공을 가져온 것이다.

이번에는 사교계에서 유명한 어느 디자이너의 이야기를 예로 들어보자.

✳　　✳　　✳

얼마 전 나는 작은 규모의 오찬회를 겸한 패션쇼를 열었다. 참가자들은 모두 매우 중요한 손님들이었기 때문에, 행사에 만전을 기할 수 있도록 준비를 충실히 하려고 마음먹었다.

이러한 행사를 할 때는 언제나 행사 진행에 솜씨가 뛰어난 기획자 이 모 씨에게 모든 일을 맡겨 처리하곤 했는데, 그날따라 이씨가 다른 일 때문에 약속을 어겨 패션쇼는 실패로 끝나고 말았다. 이씨는 나타나지 않았고, 대신 보낸 사람은 경험이 많지 않은지 서투르기 짝이 없어 행사가 제대로 진행되지 않았다. 중요한 손님을 박대하는가 하면, 식사를 할 때도 큰 접시에 샐러드를 달랑 몇 개만 얹어 내놓았고, 고기는 질기고, 감자는 기름투성이였으며, 여하튼 매사가 엉망이었다. 나는 화가 나서 견딜 수가 없었다. '옳지, 이번에 이씨를 만나기만 하면 단단히 혼을 좀 내야지.' 하고 잔뜩 벼르고 있었다.

그 일이 있었던 것은 수요일이었고, 그 다음날 밤 나는 '인간관계'에 대한 강연을 들으러 갔다. 강연을 듣고 있는 동안, 이씨를 일방적으로 책망해 봤자 아무 소용 없는 일이라는 것을 깨닫게 되었다. 그를 화나게 하면 그 후로는 절대로 나의 일을 도와주지 않으리라는 것을 알게 된 것이다.

그래서 나는 이씨의 입장에서 생각해 보기로 했다. '요리의 재료를 사들인 것도, 그것을 요리한 것도 그가 아니다. 그의 직원 가운데는 영리하지 못한 사람도 있을 것이다. 생각해 보면 내가 너무 성급했는지 모른다.' 이렇게 생각한 나는 그를 책망하는 대신 온화하게 이야기해 보기로 했다. 그러려면 먼저 그에게 감사해야 한다고 생각했다. 이 방법은 매우 훌륭한 열매를 맺었다.

그 다음날 기획자 이씨를 만났는데, 그는 내 눈치를 살피면서 나를 경계하고 있었다. 그는 잔뜩 굳은 얼굴을 하고 있었으며, 한바탕 싸움을 각오하고 있는 사람처럼 보였다. 그래서 나는 이렇게 말을 건넸다.

"이 선생님! 당신은 내가 패션쇼를 열 때 없어서는 안 될 사람이에요. 당신은 한국 제1의 전문 기획자입니다. 물론 재료를 구입하고 요리하는 것은 당신 책임이 아닙니다. 그렇기 때문에 지난번 수요일과 같은 일이 벌어진 것도 어쩔 수 없는 일이었지요."

그랬더니 잔뜩 굳어 있던 얼굴이 잠깐 사이에 풀어지며 그가 말했다.

"그렇습니다, 선생님. 저번 일은 제 잘못만은 아닙니다."

그래서 나는 이렇게 말했다.

"이 선생님, 실은 제가 이번에 또 패션쇼를 열려고 하는데, 아무래도 당신의 도움을 받지 않으면 곤란해요. 꼭 도와주실 거죠?"

"물론입니다. 성심껏 돕겠습니다. 이번에는 그런 잘못이 일어나지 않을 것입니다."

다음 주에 나는 또 오찬회를 겸한 패션쇼를 개최하게 되었는데, 모든 행사를 이씨가 맡아 진행했다. 전에 있었던 일은 물에 씻은 듯 잊어버리고 그의 의견을 충분히 받아들였다.

행사 당일 회의장에 들어가 보니 테이블은 아름다운 장미 꽃송이로 장식되었고, 이씨는 계속해서 손님 시중으로 분주했다. 내가 대통령을 초대했다 해도 부끄럽지 않을 만큼 완벽한 서비스가 제공되는 등 그날의 행사는 더 이상 바랄 수 없을 정도로 최고였다. 만찬 요리도 천하 일미였고, 서비스도 최고였다. 행사 보조 요원도 전과 달리 네 사람씩이나 왔다.

파티가 끝나자 그날 참석했던 손님들은 이구동성으로 훌륭한 행사였다고 칭찬해 주었다.

"행사를 준비하는 사람들에게 마법이라도 거셨습니까? 이토록 완벽한 서비스는 처음 받아봅니다."

바로 그렇다. 나는 온화한 태도와 마음속에서 우러나오는 칭찬으로 마법을 부렸던 것이다.

* * *

한때 미국의 유력 일간지에 이상하고 현란한 문구의 의료 광고가 실린 적이 있다. 그들은 낙태를 전문으로 하는 의사, 환자를 잡아먹는 의사라는 등의 선정적인 광고를 이용하여 환자의 호기심을 자극하여 엉터리 치료를 하고 있었다. 많은 희생자가 있었으나, 그러한 행위로 인해 처벌받은 의사는 거의 없었다고 한다. 대부분의 의사들은 약간의 벌금으로 자신들의 죄를 무마하거나, 혹은 정치적 힘을 빌려 법망을 빠져나가곤 했다.

피해 당사자인 보스턴 시민들은 일제히 들고일어났다. 교회의 목사들은 연단을 두드리며 그러한 의사들의 행위를 비난했고, 괴상한 광고를 정지시키기 위해 신에게 기도했다. 각종 민간단체, 부인회, 교회 청년단 등이 연일 그들을 처벌해야 한다는 캠페인을 벌였지만 큰 효과를 보지 못했다. 이 신문 광고를 둘러싸고 주 의회에서도 격렬한 논쟁이 벌어졌으나 결국 흐지부지되고 말아, 의료 범죄에 대항한 시민들은 절망의 벽에 부딪힌 듯했다.

당시 보스턴 시 시민단체연합회의 회장으로 전력을 다해 싸우던 B씨는, 어느 날 밤 그때까지 누구도 생각하지 못했던 방법을 생각해 냈다. 그는 신문 발행자가 자발적으로 광고를 중지하게 만들기 위해 「보스턴 헤럴드」지의 사장 앞으로 편지를 보냈다. 그는 편지에서 신문에 대한 칭찬을 아끼지 않았다.

자신은 평소 그 신문의 열정적인 애독자이며, 뉴스는 깨끗하고 선정적인 데가 없고, 사설도 훌륭하며 뉴잉글랜드뿐만 아니라 전 미국에서 가장 훌륭한 가정 신문의 하나라고 칭찬하였다. 그리고 다시 다음과 같이 썼다.

"내 친구 중에 어린 딸을 둔 사람이 있습니다. 그 사람 말로는 어느 날 밤 딸이 귀하의 신문에 난 낙태 광고를 읽고, 거기에 적혀 있는 말의 의미를 물었다고 합니다. 아버지는 딸의 질문에 당황하여 무엇이라고 대답해야 할지 몰랐다고 합니다. 귀하의 신문은 보스턴의 상류 계층 사람들에게 많이 읽히고 있습니다. 그렇다면 이런 일이 또 다른 가정에서 일어나지 않는다고 말할 수 없을 것입니다. 만약 당신에게도 딸이 있다면 그와 같은 광고를 딸에게 보이고 싶으시겠습니까? 또 댁의 딸이 그러한 질문을 한다면 당신은 어떻게 설명하시겠습니까? 귀하의 신문과 같은 일류지의 지면에 아버지로서 딸에게 보이고 싶지 않은 기사가 가령 한 곳에라도 있다는 것은 유감스런 일입니다. 귀하의 신문을 애독하는 수천의 사람들도 아마 나와 같은 생각을 갖고 있을 것입니다."

이틀 후 「보스턴 헤럴드」지의 사장으로부터 회답이 왔다.

"친절한 편지, 대단히 고맙게 읽었습니다. 취임 이래 이 문제에 관해서 나는 계속 고민해 왔으나, 이제 겨우 결단을 내렸습니다. 이런 결심을 하게 된 것은 당신의 편지 덕분입니다. 돌아오는 월요일 이후 「보스턴 헤럴드」 지상에서 그와 같은 광고는 모두 삭제하도록 하겠습니다. 낙태 광고 등은 일체 게재하지 않겠습니다. 또 부득이하게 의료기 광고를 게재하더라도 시민들의 일상생활에 지장이 없도록 만전의 주의를 기울여 편집하려고 합니다."

친절·우애·감사는 이 세상의 어떤 성난 소리보다 더 쉽게 사람의 마음을 움직일 수 있다.

"1갤런의 쓴 국물보다도 한 방울의 벌꿀로 더 많은 파리를 잡을 수 있다."라고 한 링컨의 말을 마음에 잘 새겨두기 바란다.

찬사는 기쁨을 유발하는
언어 예술이다

막스 뮐러는 진한 인간애가 담긴 감동적인 작품 『독일인의 사랑』에서 다음과 같이 말했다.

"찬사는 배워야 할 예술이다."

그는 칭찬이야말로 사회의 제약과 장애를 허물어뜨리는 예술적 행위라고 보았다.

칭찬받는 것을 싫어할 사람은 없을 것이다. 칭찬을 받으면 자의식이 자극되기 때문에 심리적으로 우월한 기분에 빠진다고 한다. 자의식이 강한 사람일수록 칭찬에는 약하다. 인간은 감정의 동물이기 때문에, 칭찬의 말을 들으면 긴장을 풀게 마련이다.

인간의 감정을 신체적 측면과 정신적 측면의 두 가지 관점에서 관찰했던 심리학자 M. 세라는, 감정은 이 두 가지 측면에서 다시 네 가지로 분류된다고 했다.

세라의 학설에 따르면, 첫째는 육체적 자극에서 비롯되는 감각적인 감정으로 고통의 쾌감이다. 둘째는 몸 전체가 받아들이는 감정으로 권태와 긴장이며, 셋째는 일반적 감정인 기쁨·슬픔·노여움 등이다. 넷째는 종교를 통해 얻어지는 평화와 기쁨 등 차원 높은 감정으로 분류될 수 있다는 것이다.

기쁨을 유발하는 칭찬의 언어는 이 네 부분 중 둘째와 셋째 부분을 자극시킨다고 할 수 있다.

이렇게 인간은 칭찬의 말을 들으면 감정의 동요를 일으켜 과잉 칭찬이나 비아냥도 분별하지 못하고, 오직 자의식의 만족감 때문에 기분이 좋아진다.

카인츠라는 배우가 햄릿 역을 끝내고 분장실로 들어왔을 때였다. 그가 막 자리에 앉아 긴장을 풀려고 하는데 갑자기 웬 노파가 들어오더니, "오늘 저녁 당신의 연기는 너무 훌륭했어요. 햄릿을 그렇게 생생하게 표현하다니 당신은 정말 천재예요."라고 말했다. 카인츠는 당연히 지나친 칭찬인 줄 알면서도, "부인께서도 햄릿의 고뇌를 정확히 이해하고 계시는군요." 하고 말했다.

노파의 말이나 카인츠의 말은 다소 과장된 면이 없지 않지만, 서로 상대를 칭찬해 주려고 한다는 것을 알 수 있다. 이처럼 칭찬의 말은 상대의 감정을 순식간에 솜털처럼 부드럽게 만들어 준다.

사람은 찬사를 받은 뒤에는 약간의 잔소리를 들어도 크게 불쾌감을 느끼지 못한다고 한다.

지난 총선 때 서울에서 입후보했던 김 후보는 합동연설회에서 쓸 연설문을 그의 보좌관에게 부탁했다. 그의 보좌관인 K씨는 국문학과 출신일 뿐 아니라 한때는 소설을 쓰기도 했기 때문에 문장에는 자신이 있었다. 그는 곧 연설문의 초고를 작성하여 자신만만하게 김 후보에게 건네주었다.

그러나 연설문은 분명 잘된 부분도 있었지만 전체적으로는 문제가 많았다. 지나치게 한쪽 성향에 치우친 글이었기 때문에 자칫하면 비난을 살 수도 있었던 것이다.

보좌관의 충정과 노고를 잘 알고 있는 김 후보는 그의 자존심을 상하지 않게 하면서도 연설문의 내용이 적절하지 않다는 것을 효과적으로 전달하고 싶었다.

난처한 상황이었지만 그는 이 문제를 잘 처리했다.

"연설문은 참 잘 됐소. 훌륭하고 멋집니다. 이만한 원고를 쓸 수 있는 사람도 많지 않죠. 그렇지만 이번 연설회에서 쓰기에는 적당치 않은 것 같은데, 수고스럽겠지만 내 뜻에 따라 다시 한 번 써줄 수 없겠소?"

보좌관은 그의 말을 알아듣고, 그가 원하는 대로 연설문을 고쳐 왔다. 그리고 그는 후보의 당선을 위해 몸을 아끼지 않고 최선을 다했다고 한다.

영국 속담에 '바보라도 칭찬해 주면 훌륭한 사람으로 변한다.'는 말이 있다. 칭찬의 말은 기분을 좋게 할 뿐 아니라 사람을 능동적으로 만들어 주고, 더욱 잘 해보고자 하는 용기를 북돋워 준다.

대화의 상대에게 호감을 주는 데는 칭찬보다 효과적인 말은 없다. 칭찬이야말로 인간관계의 문을 여는 최선의 방법이다.

대화법 ★ 상대를 내 편으로 만드는 설득의 기술 〈11〉
상대가 어떤 비난의 말을 해도 초연하게 대처한다. 어떠한 비난과 질시의 표현에도 끝까지 유연한 자세를 견지하고, 상대에 대한 인간적인 존중을 잃지 않아야 대화를 성공적으로 이끌 수 있다.

애정이 담긴 말로
상대의 마음을 얻어라!

대인 관계를 두려워하고 사람들과 만나는 것 자체를 꺼리는 것은 일종의 강박증이라고 할 수 있다.

이러한 증상은 어떤 구체적인 형태로 드러나지는 않지만, 일단 사람들과 만나는 것을 꺼리고 비협조적인 사람들은 그들 나름대로 어떤 증오의 감정, 즉 불신에 사로잡혀 있다고 할 수 있다.

이런 사람들은 대체로 인간에 대해 회의적일 뿐만 아니라, 자신들의 삶에도 충실하지 못한 경우가 많다. 인간이 인간을 증오하면 자신의 존재마저 부정하게 되고, 더 나아가서 생활도 무

CHAPTER 2
상대의 마음을 사로잡는 대화법

기력해지기 쉽다.

그렇다고 그런 사람들을 격려하고 용기를 심어주기 위해 직선적이거나 논리적인 말로 설득하는 것은 별 효과가 없다. 오히려 그런 성향을 더 악화시킬 수 있다. 그보다는 그 사람이 강박증을 가지게 된 원인을 먼저 살펴보고, 용기를 불어넣어 주어야 한다.

그러나 전문 상담가가 아닌 이상 강박증의 원인을 찾아내기는 쉽지 않다. 왜냐하면 그 사람의 환경, 성격, 성장 배경 등을 면밀하게 검토해 봐야 하기 때문이다.

이런 사람을 설득하고 용기를 주어 분발하게 한 몇 가지 예를 보면, 모두 상대의 생활과 자신의 생활을 밀접하게 연관지어 인간적인 애정을 바탕으로 설득했음을 알 수 있다.

강박증을 가진 사람에게는 무엇보다 인간적인 애정을 갖게 하는 것이 중요하다. 본질적으로 인간적인 감정이 없는 사람은 없으므로, 진실한 마음으로 다가가서 인간 내면에 선험적으로 존재하고 있는 인간에 대한 애정을 다시 되찾아 주는 것이다.

모 건설회사에 A라는 엔지니어가 있었다. 그는 현장의 기계실에서 일했는데, 성격이 배타적이어서 입사 초부터 동료들의 사소한 부탁조차 거절하는 등 회사 내에서 인간관계가 원만하지 못했다.

그의 원만하지 못한 인간관계 때문에 발생하는 문제가 차츰 늘어가자, 그의 상사들은 그 문제를 놓고 고심하게 되었다. A는 뛰어난 기술자였고 일 처리에도 빈틈이 없을 만큼 꼼꼼했기 때문에, 회사에서는 그의 능력을 높이 평가하고 있었다. 그래서 가능하면 다른 동료들과 원만한 관계를 유지토록 해서 별 문제 없이 회사에 계속 다니게 하고 싶었던 것이다.

결국 A의 직속 상사인 김 과장이 나서서 그의 집을 방문하는 등 그와 친숙하게 지내며 그의 고민을 알아보았다. 그 결과 김 과장은 중요한 사실을 알게 되었다. 그는 사람들에 대한 불신으로 가득 차 있었는데, 그것은 오랫동안 사귀어 온 여성으로부터 실연을 당했기 때문이었다.

그 후 김 과장은 인간적인 애정과 관심을 가지고 그를 설득시켜 정신적인 안정을 되찾게 해주었고, A는 훌륭한 엔지니어이자 한 회사의 구성원으로서 다시 태어났다.

인간은 타인을 칭찬함으로써 자기가
낮아지는 것이 아니라, 자기를
상대방과 같은 위치에 놓는 것이
된다.

괴테

CHAPTER

3

인간관계를 좋게 하는
직장인의 대화법

권위의식을 버려야
인간관계가 좋아진다

오늘날의 사회 구조를 훑어보면, 상급자와 하급자 사이에는 봉건 사회의 주종 관계 못지않게 묘한 대립과 갈등이 빚어지고 있음을 알 수 있다. 상급자는 자존심 때문에 하급자에게 부탁하기를 꺼리는데, 대개 직장에서 빚어지는 인간관계의 불협화음은 이러한 권위의식을 떨쳐버리지 못하는 데서 비롯된다.

하급자는 상급자의 말에 큰 영향을 받는다. 우리 속담에 '아다르고 어 다르다.'는 말이 있다. 특히 상급자가 하급자의 분발을 촉구해야 할 경우라면, 그 사람의 자존심을 건드리지 않도록 주의를 기울여야 한다. 하급자에게 상급자보다 더 우위에 설 수 있다는 자신감을 불러일으킬 수 있으면 더욱 좋다. 그러면 충고를 듣는 입장에서도 더욱 적극적으로 분발하는 계기로 삼을 수 있다.

얼마 전 K대학을 졸업한 구 양은 무역회사의 해외영업부에 취업하게 되었다. 큰 회사는 아니었지만 나름대로 탄탄한 기반을 갖춘 벤처 기업이고, 맡은 업무도 자신의 어학 실력을 십분 발휘할 수 있는 해외 마케팅 분야였기 때문에 그녀는 의욕적으로 직장 생활에 임했다. 그런데 그것도 잠시, 요즘 그녀는 상사와의 갈등 때문에 심각한 고민에 빠져 있다고 한다.

그녀가 다니는 회사에는 관리 상무가 한 사람 있는데, 50대 초반인 그는 컴퓨터를 잘 다루지 못하고 외국어 실력 또한 변변치 못해 매번 다른 직원의 도움으로 업무를 처리한다고 한다. 그러던 터에 구 양이 신입 사원으로 들어오자 상무는 자신의 일을 구 양에게 떠넘기다시피 했다. 게다가 업무 협조를 부탁한다기보다 거의 명령이나 지시에 가까웠다고 한다.

처음에는 어쩔 수 없이 상무가 시키는 대로 일을 떠맡아 처리했으나, 점점 일이 늘어나 더 이상 감당하기 힘들어졌다. 그래서 구 양은 마침내 상무에게 자신의 고충을 이야기하며 한 가지 제의를 했다.

"상무님, 제가 업무에 필요한 컴퓨터 사용법을 가르쳐 드리겠습니다."

그녀는 나름대로 고육지책으로 문제 해결 방법을 제시한 것이었다. 그런데 상무는 그녀의 말에 자존심이 상했는지 막무가내로 화를 냈다고 한다.

"자네가 뭔데 나한테 컴퓨터를 가르쳐 준다 만다 하는 거야. 윗사람이 시키면 시키는 대로 하면 될 것이지, 내가 그걸 못해서 시킨 줄 알아! 신입 사원이 감히 윗사람을 무시해?"

그 후 두 사람의 의견 충돌은 점점 더 많아졌고, 지금은 심각한 지경에 이르렀다고 한다. 결국 구 양은 의욕적으로 시작했던 회사 생활을 제대로 해보기도 전에 접어야 할 상황이다.

그렇다면 사태가 그 지경으로 치닫게 된 원인은 무엇일까? 우리는 상무의 자존심과 권위의식이 두 사람의 대화를 원천적으로 가로막고 있다는 사실을 쉽게 알 수 있다. 직장 내의 마찰은 주로 권위의식을 바탕에 깔고 있는 잘못된 언행에 의해 일어난다.

아랫사람에게 업무에 필요한 지식이나 기술을 배우는 것을 자존심 상하는 일로 받아들일 필요는 없다. 오히려 배울 게 있으면 아랫사람에게라도 자신의 부족함을 솔직히 털어놓고 도움을 구하는 융통성을 발휘해야 한다. 그 상무가 구 양에게 이렇게 이야기했다면 어떻게 되었을까?

"요즘 젊은 사람들은 컴퓨터를 잘해서 무척 부러워. 이거 원, 나이 먹어서 따라가기가 힘드니 어려운 점이 한두 가지가 아닐세. 분발해야겠어. 나 이것 좀 가르쳐 주지 않겠나?"

이처럼 권위의식을 버린 언행은 친밀감을 조성할 뿐만 아니라, 상대를 자극하고 분발을 유도하기도 한다.

현대 사회에서 권위의식을 버린 솔직한 언행은 오히려 자신의 가치나 경쟁력을 높이는 원동력이 될 수 있다. 하물며 치열한 경쟁 논리가 작용하는 조직 사회에서라면 두말할 나위가 없다. 만약 상무가 먼저 권위의식을 버리고 정중하게 구 양에게 협조를 구했다면 두 사람은 진지하게 대화할 수 있었을 것이고, 어떤 방향으로든 문제는 해결되었을 것이다.

의사소통을 위한 쌍방 간의 대화는 직장 내 인간관계의 시작이다. 타인에게 마음의 상처를 주고 반발심을 자극하는 말은 지속적인 대화를 가로막는다. 더 나은 인간관계를 유지하기 위해서는 아래위 구분 없이 누구에게나 정중하게 대해야 한다.

정중한 말로 도움을 구하면 상대도 당신을 존중하게 될 것이다. 그렇게 해서 친밀한 관계를 유지해 나가면, 굳이 부탁하지 않아도 자발적으로 도움을 주기도 한다. 그러기 위해서는 당신이 지니고 있는 낡은 권위의식부터 떨쳐버려야 한다.

거절의 말은 부드럽고 완곡하게 하라!

때때로 거절해야만 할 난처한 상황에 직면하게 될 때, 상대의 부탁을 한마디로 잘라 거절하는 것은 상대방에 대한 예의가 아니다. 비록 들어줄 수 없는 어려운 부탁이라도 우선은 진지하게 들어주는 태도를 보여야 한다. 부탁을 해온 상대는 내가 갖는 부담보다 훨씬 더 큰 어려움을 안고 있기 때문에, 딱 잘라서 거절하면 마음에 커다란 상처를 받게 될 것이다.

급격한 변화에 대해서 인간의 심리는 매우 민감하게 반응한다. 자신이 기대했던 일이 순간적으로 허물어지면 걷잡을 수 없는 허탈감에 빠지게 되는 것이다. 따라서 자기의 입장에서 도저히 들어줄 수 없는 어려운 부탁이라도, 적당한 이유를 들어가며 먼저 부드럽게 이해시킨 후 거절 의사를 밝혀야 한다.

그러나 이것보다 선행되어야 할 것은 상대의 부탁에 대해 수긍해 주는 것이다. 상대로 인해 내가 큰 양보를 하는 것 같은 느낌이 들면, 상대는 무리한 부탁을 강요하는 것에 대해 죄책감을 느끼게 된다. 그 순간에 거절 의사를 표시하면, 마음의 반동 작용을 유발하여 부탁을 철회시킬 수 있다.

한때 미국의 뉴욕 필하모니를 이끌었던 명지휘자 호라크는 수년 동안 성격이 괴팍한 연주가들을 무리 없이 통솔해 왔다. 그의 비결은 다른 데 있는 것이 아니었다. 말썽꾸러기 연주가들의 작은 일에도 관심을 가져주고, 그들의 의견을 최대한 수긍해 주며 보살펴 주는 것이었다.

어느 날 마리아라는 소프라노 가수가 목이 아파서 독창회를 할 수 없다고 통고해 왔다. 마리아는 오페라의 프리마돈나로서 매우 중요한 사람이었다. 호라크는 화가 났으나, 겉으로는 다정하게 그리고 연민 어린 태도로 마리아의 건강을 염려하면서 그녀의 요구를 쾌히 수락하였다.

그런데 지휘자가 의외로 쉽사리 승낙하자 마리아는 도리어 미안해져서 잠시 시간을 달라고 그에게 부탁하는 것이었다. 마침내 마리아는 지휘자의 사려 깊은 배려에 감동하여, 아픈 몸을 이끌고 혼신의 힘을 다해 무대에 섰다. 그리고 지휘자에게 부탁하기를, 자신의 건강 상태가 좋지 않으니 청중들의 양해를 얻어 달라고 하였다.

호라크는 가수가 건강을 이유로 공연을 거부하자 그녀의 요구를 들어주는 척했지만, 결국 자신의 요구를 거절할 수 없도록 한 것이다.

다른 사람의 요구를 거절할 때는 그 사람의 요구가 타당한지, 그렇지 않은지를 파악하는 것은 중요하지 않다. 일단 상대의 입장에 동조하며 들어주는 태도를 취해야 한다. 그래야 상대의 자존심을 건드리지 않고, 마음의 상처도 주지 않게 된다.

만약 처음부터 단호하게 거절하면 상대의 불쾌한 기분은 오랫동안 지워지지 않을 것이다. 그리고 다시는 당신에게 부탁하지 않을 것이다.

거절의 말일수록 완곡하게 표현하는 재치가 필요하다. 언제나 '예스'라는 긍정의 대답만을 할 수는 없기 때문이다.

대화법 ★ 효과를 두 배로 올리는 칭찬법 〈1〉

누군가를 칭찬하고 싶다면 일단 상대방의 존재를 인정하는 말로 시작한다. 특히 상대방의 직업에 대해 존경의 뜻을 담은 찬사를 보낸다면, 상대는 인정을 받았다고 느낄 것이다.

나의 가치를 높여주는 대화법

상대의 명예욕을 자극하라!

　프랑스의 영웅 나폴레옹이 전역하는 퇴역 군인들에게 훈장을 나누어 주며, 그들의 공을 찬양한 적이 있었다. 이때 그는 자신이 노병들을 장난감 다루듯이 속이려 한다는 혹평을 듣고 다음과 같은 말을 남겼다.

　"사람은 장난감인 줄 알면서도 그것이 상징하는 명예의 지배를 받는다."

　나폴레옹이 지적했듯이, 쓸데없는 허영과 명예욕이 인간을 괴롭히고 약하게 만드는 것이 사실이다. 하지만 상대를 추켜올려 주고 명예욕을 자극하면 그를 분발하게 만드는 데 효과가 있는 것 또한 분명한 사실이다.

어떤 공장에 매우 촉망받는 직원이 한 명 있었는데, 웬일인지 작업 실적이 계속 떨어지는 것이었다. 공장장은 그가 다시 분발할 수 있는 방법을 강구해 봤으나, 특별한 묘안이 떠오르지 않았다. 며칠을 고민하던 공장장은 심의부라는 부서를 만들어 그에게 맡겼다. 그랬더니 그 직원의 작업 태도가 완전히 달라졌다. 그는 공명심에 불타게 되었고, 작업 실적도 3배 이상 향상되었다고 한다.

국내 굴지의 D인쇄소 사장인 송 사장에게 회사의 기계공 한 명이 작업량이 너무 많다고 투덜대며, 자기 밑으로 직원을 한 명 더 뽑아달라고 요구했다. 그렇지만 회사 여건상 그 기계공의 요구를 들어줄 수는 없었다.

그런데 송 사장은 사원도 뽑지 않고 작업량도 줄이지 않으면서 충분히 그를 만족시킬 수 있었다. 송 사장은 그 기계공 전용으로 작은 사무실을 하나 만들어 주었다. 그리고 사무실 문 앞에는 그의 이름과 직위를 써 붙여 주었다.

'수리계장 정○○'

그는 이미 평직원이 아니었고 어엿한 간부가 된 것이다. 그는 일에 책임감을 느끼지 않을 수 없었고, 작업 능률은 배가되었다.

이러한 명예욕에 관한 인간의 심리에 대해 『팡세』의 저자 파스칼은 "인간의 최대 어리석음은 명예를 추구하는 것이지만, 그것이야말로 진정으로 인간을 우수하게 만드는 최고의 표적이다."라고 말했다.

명예를 추구하는 것을 미련한 행동이라고 치부하기보다는 우월한 지위 확보를 위한 본능적 욕구로 보아야 한다.

사람들은 비록 허울뿐이라도 명예를 부여받으면 기뻐한다. 인간의 명예욕을 허영의 쓸모없는 그림자로 생각하는 사람들도 있지만, 명예욕은 인간의 심리를 만족시켜 주는 명약임이 분명하다.

포르투갈 국왕이던 주앙 5세는 국민들로부터 가장 충실한 왕이라는 칭송을 듣고자 재위 기간 동안 2억 3,400만 달러라는 어마어마한 돈을 썼다고 한다. 그러나 이러한 허영과 사치 때문에 그가 죽은 후에는 국고가 텅텅 비게 되었고, 그의 장례식은 국민들로부터 부조금을 거둬 치러야 했다고 한다.

가장 충실한 왕이라는 평가는 사실 국사를 빈틈없이 수행하면 자연스럽게 따라오는 것이다. 하지만 주앙 5세는 명예욕에 눈이 멀었던 것이다. 이런 인간의 심리 때문에 영국에서는 '부를 택하느니 명예를 택한다.'라는 사고방식이 지배적인지도 모른다.

어쨌든 인간은 명예를 좇는, 명예의 이상한 마력에 끌리는 약한 존재임에 틀림없다. 상대방을 설득해야 한다면, 혹은 설득하고 싶다면 상대의 명예심을 부추길 수 있는 말을 건네어 보라. 틀림없이 상대는 당신의 말에 귀 기울일 준비를 하게 될 것이다.

상대방의 존재를
구체적으로 인정하라!

교사나 성직자들은 전문직에 종사하는 사람들이라고 할 수 있다. 그런가 하면 시계 수리공, 전기 기술자, 운동선수들도 하나의 전문직에 종사하는 사람들이다.

여기서 말하는 전문직의 의미는 색다른 직업을 가리키는 것이 아니다. 한 분야에 전문적인 지식이나 기술을 가지고 있어서 타인에게 조언이나 협조를 할 수 있는 사람을 가리킨다. 행복한 삶을 살기 위해 사람은 누구나 직업을 가지고 있다. 다른 사람에게는 평범한 직업으로 비칠지라도 스스로는 천직으로 여기는 사람들이 적지 않다.

상대방의 도움을 구하고자 할 때는 먼저 그 사람의 존재를 인정해 주어야 한다. 여기에서 말하는 존재란 상대방의 직업을 말한다.

예를 들어, 개인적인 고민 때문에 학업 성적이 날로 떨어져 불안해하는 학생이 선생님을 찾아가서 "선생님은 훌륭한 인격과 지식을 가지고 계시니까 저의 고민을 쉽게 해결해 주시리라 믿고 찾아왔습니다."라고 말한다면, 어떤 선생님도 자신의 역할을 포기하려고 하지 않을 것이다.

또한 직장을 추천해 달라고 말할 때도 마찬가지이다.

"선생님은 덕망이 높아 사람들의 존경을 받는 분이라서 이렇게 찾아왔습니다."

이렇게 말한다면 그는 기꺼이 추천장에 서명해 줄 것이다.

상대방의 존재를 인정해 주면 이처럼 어떤 부탁이든 수월하게 동의를 얻어낼 수 있다.

아직까지도 한국에서는 은행의 여직원들이 청탁으로 발령되는 경우가 많다고 한다. 모 정보고등학교의 졸업반인 최 양도 H은행에 취직하고 싶어 선생님께 추천을 부탁했다. 그때 상담했던 선생님은 적이 당황하지 않을 수 없었다. 아직 그 은행에는 누구도 추천해 준 적이 없었기 때문에, 꼭 H은행에 취직하고 싶어 하는 최 양의 부탁이 부담스러웠던 것이다.

그런데 마침 H은행 J지점장 김씨가 그 선생님의 지인이었다. 선생님은 서둘러 추천장을 써주었다.

"제가 추천하는 최 양은 엄격한 집안에서 성장하여 성품이 유순하고 성실하기에, 귀사의 사원으로 적합하다고 여겨집니다. 갑자기 부탁을 드려 결원이 있을지는 모르겠으나, 은행에서 지점장님의 영향력이 대단하다는 말을 듣고 힘을 얻어 추천합니다."

이렇게 선생님의 추천장을 받은 은행 지점장은 최 양을 채용하였다.

사실 그 선생님은 지점장과 친분이 있기는 하였지만, 추천장을 써줄 때 일말의 불안감이 있었다. 그러나 일단 추천 의뢰가 수락되자 그 선생님은 대단한 자신감을 얻었다고 한다.

존재를 확인시켜 준다는 것은 어떤 칭찬보다도 훨씬 적극적이고 솔직한 찬사의 의미를 지닌다.

예컨대 시계가 고장 나 수리를 해야 할 때, "기술이 뛰어나다는 소문을 듣고 찾아왔습니다."라는 말과 함께 시계를 맡긴다면 그 수리공은 틀림없이 성심성의껏 시계를 고칠 것이다.

찬사는 상대방의 존재를 인정하는 말로 시작해야 한다. 남에게 인정받을 때 인간은 가장 위대해지는 것이다.

지나친 찬사는
삼가는 것이 좋다

"역시 우리 길동이가 최고야. 그러면 그렇지, 우리 길동이만한 아이도 없지. 암, 그렇고말고."

위의 말에서 최고라는 최상급 감탄사는 따지고 보면 공허한 감탄형에 지나지 않는다. 이러한 형식적인 찬사의 말에는 어느 누구도 기뻐하지 않는다. 최상급의 찬사는 얼핏 화려한 것 같지만, 진실성이 부족한 들뜬 기분으로 내뱉는 말에 지나지 않는다.

인간이 칭찬에 약한 것은 사실이다. 상대로부터 칭찬받을 때는 비록 그것이 아첨이라 해도 기분이 좋은 것이 인간의 심리이다. 따라서 어떤 방식의 칭찬이라도 해로울 것은 없다.

그러나 '가장' '최고' 등의 최상급 찬사를 받으면 오히려 마음 한구석에서부터 불안한 기분이 들면서 부담스러워진다. 이런 불안 심리의 요인을 분석해 보면, 최상급의 칭찬을 받은 사람은 항상 그와 동일한 수준을 유지해야 한다는 부담을 안게 되며, 그보다 낮은 수준으로 떨어지면 초라해질 것이라는 강박 관념을 갖게 된다는 것을 알 수 있다.

박씨는 흔히 말하는 KS 마크로 전공은 화학이었다. 그는 미국의 명문대에서 서른두 살의 젊은 나이에 박사 학위를 받고 귀국했다. 주위 사람들뿐 아니라 학계에서도 그는 선망의 대상이었다.

박씨는 주위 사람들의 선망의 눈초리와 '과연 수재의 활동은 어떨까?' 하는 관심 때문에 하루도 마음 편할 날이 없었다. 처음 한두 달은 그러려니 하고 지냈으나, 시간이 어느 정도 지난 후에도 여전히 자신에 대한 관심이 줄어들지 않자 초조해지기 시작했다.

텔레비전 출연 때문에 연구할 시간을 뺏기게 되고 연구에 집중할 수 없게 되자 박씨는 작은 실수들을 저지르게 되었다. 모 대학에서는 그가 잘못 풀이한 수학 공식 때문에 문제가 발생하기도 했다.

그러던 어느 날 그는 치명적인 실수를 저지르고 말았다. 실험 도중 화학 약품을 잘못 배합하여 약품이 폭발하는 바람에 심한 화상을 입게 된 것이다. 그의 실수는 어떤 화학자라도 범할 수 있는 평범한 과실이었지만, 최상급의 찬사를 한 몸에 받던 그에게는 치명적인 실수가 되었다.

위의 사례는 생각 없는 최상급의 찬사가 한 인간에게 얼마나 큰 부담을 줄 수 있는가를 잘 보여주는 일화이다.

프랑스 작가 주베르는 "재능은 칭찬에 의해 어지러워진다는 것을 기억하라."고 말했다.

최상급의 찬사를 남용하면 상대방은 오히려 큰 타격을 받을 수 있다. 그는 항상 불안과 초조 속에 살게 될 것이다. 줄곧 칭찬만을 받으며 성장한 귀한 외아들이 단 한 번의 실수로 실패하게 되면 도저히 헤어날 길을 찾지 못하는 경우를 우리는 종종 보게 된다.

찬사의 말은 그 표현을 적절하고 공정하게 해야 한다.

철학자인 심 모 교수는 언제나 이렇게 충고한다.

"항상 차석임을 직시하라."

평범하면서도 의미심장한 말이다. 우리는 실제 생활에서 차석에도 오르기 힘들다는 것을 너무도 잘 알고 있다. 차석임을 인정한다는 것은 어찌 보면 대단한 찬사의 말이며, 수석이라는 과대 칭찬에 비해서 스스로 겸손해질 수 있는 말이다.

최상급의 찬사는 남용하지 않는 것이 좋다.

대화법 ★ 효과를 두 배로 올리는 칭찬법 〈2〉

과장되고 형식적인 칭찬은 하지 않는다. '가장' '최고' 등이 붙은 최상급의 찬사는 진실성이 부족해 보이고, 말하는 사람이나 듣는 사람이나 공허한 기분만 느낄 뿐이다.

반목하는 상대라도
인간적으로 대하라!

위대한 인물은 자신에게 원한을 품고 있는 상대 앞에서도 결코 원망스런 표정을 짓지 않는다. 평범함을 거부하고 성공의 길을 걷고자 하는 사람이라면, 적어도 자신에 대한 편견이나 혹평에 초연할 수 있어야 한다.

나폴레옹은 영웅으로 칭송받고 있지만, 그도 완벽에 가까운 인간이라고 할 수 없다. 하지만 그는 개인적인 비판이나 비난에 대해 소심증을 나타낸 적이 없다. 오히려 그는 자신에게 대항하는 인물을 고위 관직에 임명하는 파격적인 인사를 단행하기도 했다.

그는 이러한 인사에 대해 질문을 받으면 "유능하고 일을 잘할 수 있는 그가 나를 어떻게 생각하는지는 중요하지도 않고 관심도 없다."고 말하면서, 전혀 개의치 않았다고 한다.

인간관계를 연구하는 학자들에게 중요한 연구 대상이 되고 있는 미국의 16대 대통령 링컨 역시 자신에 대한 다른 사람들의 평가에 대해 나폴레옹만큼 초연했다고 한다.

링컨과 매클렐런 장군은 사이가 좋지 않기로 유명했다. 매클렐런은 링컨에 대해 불만이 많았고, 혹평도 서슴지 않았다. 그러나 링컨은 "매클렐런이 우리에게 승리를 안겨주기만 한다면 나는 그의 마부가 되어도 상관없다."는 말로 주위를 놀라게 했다고 한다.

이와 같은 일화를 들지 않더라도, 질시와 반목의 감정을 보내는 상대에게 똑같이 반목으로 대응하는 사람은 결코 성공의 길을 달려갈 수 없다.

남의 존재를 무시해서도 안 되지만, 좋지 않은 감정에 똑같이 좋지 않은 감정으로 대응해서도 안 된다. 상대방이 비록 반목의 감정으로 대하더라도 상대방을 인정해 주는 태도를 잃지 않으면, 상대는 끝내 감동하고야 만다.

기대승은 퇴계 이황 선생의 사단칠정론四端七情論을 정면으로 반박하던 유학자였다. 퇴계는 사단칠정을 두고 사단은 리理

에서 나오며 칠정은 기氣에서 나온다고 주장했으나, 기대승은 이를 모두 부정하며 이의를 제기했던 것이다.

그러나 퇴계는 기대승의 주장을 직접 반박하지 않고, "어리석은 내가 스스로 나의 핵심을 굳이 옳다고 주장하기가 어렵군요."라고 우회적으로 말하며, 기대승에게 끝까지 예의를 잃지 않았다. 결국 기대승은 퇴계의 큰마음에 감동하여 그의 학설을 존중하게 되었다.

반목의 감정에서 비롯된 질시에 똑같이 맞서면 아무것도 얻지 못한다. 그것보다는 감정적인 문제들을 감싸 주고 격려하여 상대방에 대한 찬사를 아끼지 않는 것이 최후의 승자가 될 수 있는 길이다.

인간은 항상 질시와 원망의 사슬에 매여 있는데, 이러한 사슬을 풀어주는 가장 좋은 지름길이 바로 찬사의 말이다. 또한 찬사는 인간에게 존재 가치의 당위성을 부여해 주는 촉매제이기도 하다.

아무리 상대방이 강한 비난과 질시의 표현을 하더라도 끝까지 유연한 자세를 견지하고 상대방에 대한 인간적인 존중을 잃지 않는다면, 당신은 성공적인 대화를 이끌어 낼 수 있다.

상투적인 칭찬은 피해야 한다

전쟁터에 나가 용맹을 떨치고 돌아온 군인에게 "당신은 훌륭한 군인입니다."라고 말한다면, 그는 물론 칭찬하는 말인 줄은 알지만 그다지 기뻐하지는 않을 것이다. 전쟁터에 나가 목숨을 걸고 싸우는 것은 어찌 보면 군인의 당연한 본분이고, 또 그런 말은 많이 들어왔기 때문이다.

이씨는 어느 날 전쟁터에서 용맹을 떨치고 돌아온 군인이 굉장히 기뻐하는 모습을 본 적이 있다. 월남전이 한창일 즈음 밀림을 누비며 혁혁한 공을 세우고 돌아온 김 대위를 만났을 때였다.

이씨는 그의 전과戰果를 칭찬해 주고 싶었지만, 이미 귀가 아프도록 많이 들었을 것이라 생각되어 의식적으로 그 이야기는 피하고 있었다. 그런데 김 대위의 손에서 반짝이는 작은 반지가 눈에 띄어 무심코 "그 반지의 보석은 빛이 참 곱군요. 이름이 뭐죠?" 하고 물었다.

그러자 그는 만면 가득 기쁨을 감추지 못하고 큰 소리로 반지의 내력을 이야기하기 시작했다. 그 대위는 월남의 한 시가지 전투에서 위험에 빠진 여인을 구출해 준 적이 있는데, 그녀가 고마움의 표시로 반지를 선물했다고 자랑스럽게 말했다.

그는 사람들이 반지에 관심을 가질 것이라고는 꿈에도 생각지 못하고 있었는데, 뜻밖에 반지에 대한 얘기가 나오자 기분이 매우 좋아졌던 것이다.

사람은 생각지도 않았던 것에 대해 칭찬을 받으면 으레 듣게 되는 찬사를 들었을 때보다 더 큰 기쁨을 느끼게 된다. 남의 장점을 칭찬하여 원활하게 대화하고 싶다면, 의례적으로 하는 칭찬의 말보다는 상대가 미처 깨닫지 못하고 있는 장점을 볼 줄 알아야 한다.

누드 사진계에서 귀재로 소문난 사진작가 홍씨는 까다롭기로 유명한 여배우들과 함께 무난하게 작업할 수 있는 비결을 묻자, "특별한 비결이 있는 것은 아니다. 나는 그 여배우들이 가장 자신 있어 하는 부분보다 콤플렉스를 가지고 있는 신체 부위를 칭찬해 준다. 그러면 그녀들은 흔쾌히 내 요구에 응한다."고 말했다.

미국 뉴욕 주의 한 조경 회사의 정원 담당인 맥마흔은 이런 경험을 가지고 있다.

어느 날 그는 저명한 법률가에게서 정원 공사를 의뢰받았다. 먼저 그는 집주인인 법률가에게서 공사에 대해 상세한 이야기를 듣게 되었다. 그 법률가는 자기 집의 정원을 둘러보며, 석류나무와 진달래 묘목을 심을 자리를 지정해 주는 등 비교적 까다롭게 주문했다.

이리저리 정원을 둘러보며 잠자코 듣고만 있던 맥마흔은 정원 한쪽에 있는 개를 바라보며 말했다.

"선생님, 참으로 부럽습니다. 저렇게 좋은 개를 기르고 계시다니 말이에요."

마침 애견가이던 그 법률가는 맥마흔이 자신의 개를 칭찬하자 매우 기뻐했다. 또 맥마흔이 묻지도 않았는데 개의 혈통에 대해 들려주었으며, 마지막에 가서는 강아지 한 마리를 선물로 주었다. 물론 정원 공사도 맥마흔의 충고를 받아들여서 무난하게 끝낼 수 있었다고 한다.

사람은 예상치 못한 배려나 찬사에 더욱 기뻐하게 마련이다. 판에 박힌 화제를 벗어나 상대방의 다양한 욕구와 관심에 주의를 기울여 보라. 분명히 상대방을 기쁘게 할 수 있는 새로운 그 무엇을 발견할 수 있을 것이다.

예외적인 칭찬임을 강조하라!

칭찬한다고 해서 말의 순서를 제멋대로 한다면 간혹 낭패를 볼 수 있다.

예를 들어, 안경을 낀 여인에게 "참으로 매력적이십니다. 그런데 전 안경 쓴 여자는 별로라서……."라고 말한다면 틀림없이 그 여인은 앞의 찬사에 기뻐하기보다는 뒷말 때문에 불쾌해할 것이다.

만약 안경을 쓴 여자가 싫은데 유독 그녀만을 칭찬해 주고 싶다면, 이렇게 말하는 것이 어떨까?

"사실 난 안경이 잘 어울리는 여자를 본 적이 없어요. 그런데 당신은 안경이 무척 잘 어울려서 훨씬 세련된 멋이 나는군요. 당신처럼 안경이 잘 어울리는 사람은 이제껏 본 적이 없습니다."

이렇게 말하면, 특히 그 여자가 안경 때문에 고민하고 있었다면 더욱 기뻐할 것이다.

칭찬의 말을 앞에 두는 것과 뒤에 두는 것은 이렇게 큰 차이가 있으며, 자칫 순서가 뒤바뀌면 도리어 역효과를 내는 수가 있다.

A사의 사장은 요즘 사무실 분위기가 좋아지고 매출도 증가하는 등 모든 것이 순조롭게 진행되자, 직원들을 격려하려고 전 직원들을 모아놓고 훈시를 했다.

"오늘은 여러분에게 사장으로서 감사의 뜻을 전하려고 합니다. 여러분의 힘과 열성으로 우리 회사는 이미 올해 매출 목표를 초과하게 되었습니다. 그러나 저는 초과 달성을 했다고 해서 여러분이 자만심을 가지고 해이해져서는 안 된다고 생각합니다. 따라서 오늘부터는 더욱더 여러분이 맡은 책임을 충실히 수행해 줄 것을 부탁합니다."

그의 훈시는 얼핏 들어도 잘못되었다는 것을 금방 알 수 있다. 훈시의 내용으로 보아서는 도대체 어떤 성격의 이야기인지 쉽게 짐작이 가지 않는다.

칭찬을 하려고 마음을 먹었으면 칭찬만 하면 될 텐데, 도리어 긴장을 풀지 말라는 훈계가 되어버린 것이다. 이런 경우에는 다음과 같이 말하는 것이 적당하다.

"사실 지금까지 저의 생활신조는 첫째도 성실, 둘째도 성실이었습니다. 그러므로 성실함을 잃지 않는 직원을 나는 가장 사랑합니다. 그런데 이번에 우리 회사는 여러분의 성실한 노력에 힘입어 금년도 매출 목표를 초과 달성하게 되었습니다. 여러분의 노고에 진심으로 감사드립니다."

이렇게 칭찬의 말을 나중에 하게 되면, 앞서 말한 자기의 생활신조인 성실을 직원들에게 주지시키면서 결과적으로 칭찬의 뜻을 고스란히 전달할 수 있게 된다.

누구나 형식적인 겉치레 인사에는 고마움을 느끼지 않는다. 웃음을 잃고 살던 사람이 어쩌다 한 번 활짝 웃을 때 진정한 쾌감을 느낄 수 있듯이, 사람은 특별한 칭찬임을 알았을 때 기쁨이 배가되는 것이다.

예컨대 미술을 좋아하지 않는 사람이 미술가를 칭찬하게 되었다고 가정해 보자.

"저는 미술에 대해서는 문외한입니다. 하지만 당신이 그린 그림은 왠지 느낌이 좋군요. 그리고 당신이 그림에 열중하는 모습을 보니까 저 역시도 그림을 그려보고 싶군요."

CHAPTER 3
인간관계를 좋게 하는 직장인의 대화법

이런 식으로 칭찬한다면 상대방은 특별한 기분에 사로잡혀 한층 더 기뻐할 것이다.

상대에게
강한 의지를 불어넣어라!

실의에 빠져 있는 사람에게 의욕을 불어넣는 것은 상당히 어려운 일이다. 이런 사람들에게는 어떤 위로의 말보다 그들을 분발시키고 나약해진 의지를 다시 일으켜 세울 수 있는 강력한 말 한마디가 더 필요하다.

한 고조 유방이 중국을 통일하기 2년 전의 일이다.

유방의 장군 한신은 위나라를 무찌른 여세를 몰아 조나라로 진격했다. 그때 조나라에서는 정경 땅의 좁은 길목에 20만의 정예 병력을 집결하여 만반의 대비를 하고 있었다. 한신은 정경 땅 어귀에 이르러 몇 가지 계략을 짜내었다.

적의 수효가 많은 마큼 일단 성 밖으로 끌어낸 다음 싸우는 것이 유리하겠다고 판단한 한신은 강물을 뒤로한 채 군사를 포진하는, 이른바 배수의 진을 치고 조나라 군사와 대치했다.

강력한 적을 앞에 두고 있는 상황에서 퇴로조차 확보하지 못한 채 싸움에 임하는 것을 우려하는 휘하의 장수들을 모아놓고 한신은 필승의 의지를 다졌다.

"병서에 보면 '자신을 사경에 빠뜨림으로써 비로소 살아날 수 있다.'고 했다. 내가 취한 방법도 바로 그런 것이다. 여기서 적을 물리치지 못하면 죽음만이 기다릴 뿐이다. 살아날 길은 단 한 가지, 적을 무찌르는 길뿐이다."

한편 조나라의 장군은 어리석게도 강물을 뒤로하고 포진해 있는 한신의 군대가 가소롭기 짝이 없는지라, 단번에 물리칠 생각으로 군사를 총동원하여 공격을 개시했다.

결국 죽기를 각오하고 싸움에 임한 한나라 군사들은 조나라의 20만 병사를 파죽지세로 격파할 수 있었다.

적의 탱크를 눈앞에 두고 7명의 부대원이 죽음의 공포에 휩싸여 있었다. 악전고투 끝에 간신히 탈출구를 찾았다고 생각한 순간에 적의 탱크와 맞닥뜨린 것이다. 육중한 적의 탱크 소리는 심장의 고동을 멈추게 할 정도로 무서웠다.

소대장은 대전자포가 몇 발 남았는가를 확인했다. 남은 포탄은 일곱 발이었다. 그는 포수에게 공격 명령을 내렸다. 포수는 일곱이라는 숫자에 의지한 듯 짐짓 의기양양하게 탱크를 향해 포탄을 발사했다. 그러나 불행히도 여섯 발의 포탄이 다 빗나가고 마지막 한 발만을 남겨두게 되었다. 포수를 비롯한 부대원들은 모두 절망에 빠졌다. 마지막 한 발까지 실패하면 모두 몰살당할 위기에 처한 것이다. 소대장은 침착하게 지시했다.

"마지막 한 발이다. 그것마저 실패하면 우리는 모두 다 끝장이다. 우리는 자네를 믿는다."

이 말에 정신이 번쩍 든 포수는 신중하게 탱크를 향해 마지막 한 발의 포탄을 발사했고, 그 포탄은 정확히 탱크에 명중하였다.

소대장이 마지막 한 번뿐이라는 것을 강조하며 강력한 용기를 불어넣어 주었기 때문에, 포수는 강한 의지를 가지고 적의 탱크를 폭파시킬 수 있었던 것이다.

재기하려는 의욕 자체를 잃어버린 동료를 분발하게 하려면, 때로는 앞의 예화들처럼 그들의 나약해진 의지에 불을 붙일 수 있는 강력한 자극제가 필요하다.

그들에게 '기회는 단 한 번뿐'이라고 말해 보라. 그들이 투지를 불태울 수 있도록.

극단적인 선택의
효과를 이용하라!

입학시험에 실패한 학생, 파산한 사업가, 천재지변으로 한 해 농사를 그르친 농부들……. 이처럼 실패를 맛본 사람들은 자기 앞에 닥친 시련을 극복하고 다시 일어서느냐, 아니면 실의에 빠져 좌절하느냐 하는 중대한 갈림길에 놓이게 된다.

고비를 넘어서면 또 다른 고비가 기다리는 인생살이는 첩첩한 시련의 연속이라 할 수 있다. 그것을 극복하는 사람은 행복한 삶을 살 것이고, 극복하지 못하고 좌절하는 사람은 실패의 뒤안길에서 헤매는 삶을 살게 될 것이다.

불행한 사람들의 특징은 그것이 곧 불행한 길인 줄 알면서도 그 길로 향하는 데 있다.

링컨은 이렇게 말했다.

"우리들 앞에는 언제나 불행과 행복의 두 가지 갈림길이 있다. 우리들은 이 두 길 중에서 어느 한 길을 택하지 않으면 안된다."

자신이 가는 길이 불행으로 가는 길인지, 행복으로 가는 길인지는 알 수 없다. 어떤 길을 선택할 것인가를 홀로 결정한다는 것은 매우 어려운 일이다.

자유가 아니면 죽음을 달라고 외쳤던 패트릭 헨리는 자유가 최선의 선택이라고 판단했으며, 알프스 산맥을 넘어야 했던 나폴레옹은 넘느냐 못 넘느냐의 기로에서 "내 사전에 불가능이란 없다."고 말하며, 결국 알프스를 넘는 데 성공했다.

미국의 37대 대통령 닉슨은 대통령 선거에서 두 번 연속 낙선의 아픔을 맛보았다. 하지만 그는 좌절하지 않고 마침내 그다음번 대선에서 값진 승리를 거두었다.

그러나 우리 주변의 실의에 빠져 있는 사람들은 삶과 죽음사이의 통로에서 방황할 뿐, 스스로 결정을 내리지 못한다. 이렇게 낙담하고 실의에 빠진 상대를 분발시키기 위해서는 선택의 효과를 이용해야 한다. 차제에 아예 단념해 버리든가 혹은 의욕을 가지고 더욱 분발하든가, 두 가지 중 하나를 스스로 선택할 기회를 주는 것이다.

이럴 경우 대개는 무기력하게 주저앉기보다는 다시 한 번 삶에 대한 강한 의지를 불태우게 된다. 역경을 거치지 않고 얻는 영광이란 아무런 가치가 없는 것이다. 또 고통 없이 얻게 되는 기쁨은 별다른 의미를 주지 못한다.

햄릿은 삶과 죽음의 기로에서 스스로 어느 한쪽을 선택할 만한 능력이 없어 고민했지만, 복잡한 현대 사회에서 살아가는 인간에게 닥치는 불행은 생각보다 훨씬 더 복잡한 양상을 띠고 있다.

그렇지만 분발을 재촉하기 위해 상대에게 생과 사의 선택권을 부여할 수 있다면, 그것만큼 효과적인 방법은 없을 것이다. 인간은 극한상황의 선택 앞에 놓이면 예기치 못한 용기를 얻게 된다.

"더 좋은 방법을 택할 수 없으면 죽음뿐이다."라는 극단적인 명제를 주면, 누구라도 삶에 대한 의지를 불태우고 싶은 충동에 사로잡힐 것이다.

대화법 ★ 효과를 두 배로 올리는 칭찬법 〈3〉

상대방과 가까운 사람이나 상대방이 좋아하는 사람을 칭찬한다. 인간은
자신이 직접 칭찬받는 것보다도 자기가 소중히 여기는 사람의 칭찬을 들
을 때 더 만족해한다.

가능성을 먼저 이야기하라!

상대를 분발시키고 능력을 최대한 발휘시키려면, 그들에게 잠재되어 있는 가능성을 면밀히 따져보고 가치를 증대시킬 수 있는 부분을 발견하는 데서부터 출발해야 한다.

미국의 저명한 심리학자 윌리엄 제임스는, 우리는 자신의 잠재적 능력, 즉 가능성을 제대로 발견하지 못하고 있을 뿐만 아니라 제대로 발전시키지도 못하고 있다고 지적하며 다음과 같이 말했다.

"우리의 선천적 기질과 현재의 인격을 비교해 보면, 우리는 여전히 인격 완성의 중간 지점에서 헤매고 있을 뿐이다. 우리는 정신적으로나 육체적으로나 그 가능성의 반도 제대로 활용하지 못하고 있다."

그러므로 상대의 장점을 부각시켜 주고 아직까지 잘 모르고 있는 새로운 가치를 인식시켜 주는 것이 곧 분발을 꾀할 수 있도록 도와주는 것이다.

다음은 19세기 말엽에 있었던 일이다.

런던의 한 상점에서 점원으로 일하는 청년이 있었다. 그는 아침 5시에 청소하는 것으로 시작하여 13시간 동안 줄곧 일해야 했다. 일이 힘들어서 더 이상 계속할 수 없었던 그 청년은 1년 뒤에 가게를 그만두었다. 실의에 빠진 그는 옛 스승에게 괴로움을 호소하는 장문의 편지를 띄웠다. 청년은 자신의 처지를 비관하다가 자살까지 생각했었지만, 옛 스승의 회신은 그에게 새로운 용기를 불러일으켜 주었다.

그 스승은 청년을 위해 교사 자리를 비워두었다는 회신을 보내왔다. 그는 청년의 발휘되지 못한 가능성을 안타깝게 생각하고 있던 중, 마침 자신의 처지가 딱하게 되었다는 제자의 편지를 받고 그를 자기 곁으로 불렀던 것이다. 덕분에 그 청년은 잠재되어 있던 재능을 마음껏 발휘할 수 있었고, 마침내 대문호가 되어 영국 문단에 이름을 떨쳤다. 그 청년이 바로 『타임머신』의 작가 H. G. 웰스이다.

사람은 누구나 다 자기의 능력을 100퍼센트 발휘하고 살지는 못한다. 잠재되어 있는 자신의 능력을 제대로 모르고 사는 사람들이 대부분이다.

새로운 장점을 발견한다는 것은 새로운 삶의 국면을 개척하는 것이다. 웰스의 성공 사례는 잠재적 가치를 발견하여 새 국면을 개척한 좋은 예이다. 그러나 그 성공의 뒤에는 옛 스승의 배려와 격려가 있었다는 사실을 잊어서는 안 된다.

상대의 분발을 독려하기 위해서는 먼저 상대의 능력을 세밀히 분석하여 가치를 증대시킬 수 있는 부분을 찾아내는 것이 중요하다.

용기를 북돋워 줘야 할 상대는 대부분 난관에 처해 있는 사람들이다. 그들은 근거 없는 이야기에도 관심을 집중하게 되므로, 터무니없는 부분에 대한 지적은 위험천만한 것이다.

잠재력이란 밖으로 표출되었을 때 엄청난 힘을 발휘하는 능력을 말한다. 따라서 잠재력을 찾는 것은 미진한 부분을 개척하여 자기의 영역을 넓히는 과정이라고 할 수 있다.

분발의 계기는 항상 가능성을 얻는 데서 시작한다.

대화법 ★ 효과적인 충고 요령 3단계

1. 칭찬 – 상대의 능력을 인정하고 좋은 부분을 칭찬한다.
2. 지적 – 그런 다음, '그러나' '단지' 등의 단서를 달아 부족한 부분을 지적한다.
3. 격려 – 그 부분만 보완한다면 완벽해질 것이라고 격려한다.

상대의 욕망을 자극하라!

사람의 행동을 유발하는 요인 중에서 가장 근본적인 것은 욕망을 실현하려는 욕구이다. 땅 위의 모든 만물이 인과의 필연에 의해 움직이는 것이라면, 인간의 모든 활동도 필연적인 요인에 의해 발생하는 것이다. 따라서 인간이 이루고자 하는 의식적이고 계획적인 행동은 모두 욕망에 의해 일어나는 것이라 할 수 있다.

우리는 낮이나 밤이나 시시각각 욕망의 지배를 받으며 살아가고 있다. 이런 인간의 욕망에 대한 관심이 높을수록 인간의 내면을 관찰하는 능력도 향상될 수 있고, 다른 사람의 욕망을 자극하는 화술도 배울 수 있다. 어쩌면 인간은 욕망을 자극해 얻어낼 수 있는 결과보다 욕망 그 자체를 좋아하는 것인지도 모른다.

에머슨은 『인생의 행장』에서 "욕망이란 '소유'라고 하는 코트로 덮어 감출 수 있을 만큼 크지 않은데도 점점 커지는 거인 같은 존재이다."라고 하며, 인간은 욕망의 포로라는 것을 시사했다.

중국의 문인인 유정원의 『유아원집』에 다음과 같은 이야기가 나온다.

마을 사람들이 나룻배를 타고 강을 건너고 있는데, 강 중간쯤에 이르러 갑자기 배에 물이 차기 시작했다. 이윽고 배가 가라앉게 되어 사람들은 모두 물에 뛰어들었다. 다행히 모두들 무사히 헤엄쳐 강기슭에 닿았다. 그런데 오직 한 사람만이 아직도 허우적거리고 있었다.

마을 사람들이 돌아보며 "이봐, 어떻게 된 거야? 자넨 마을에서 헤엄을 가장 잘 치지 않냐?"라고 소리치자, 사내는 허우적거리면서 "엽전을 천 개나 가지고 있어서 헤엄치기가 어려워."라고 말하는 것이었다. 마을 사람들은 이구동성으로 "엽전을 버리게. 몸이 가벼워야 헤엄을 치지." 하고 말했으나, 사내는 엽전을 버리지 않았다. 그가 계속해서 허우적대자 사람들은 더욱 애가 타서 빨리 엽전을 버리라고 소리쳤다. "이보게, 생명보다 엽전이 중요한가? 빨리 버리지 않으면 자네는 죽네."

그러나 사내는 끝내 머리를 흔들더니 결국은 가라앉아 버렸다. 욕망의 포로가 되어 자신을 희생시킨 것이다.

이 이야기에서도 엿볼 수 있듯이, 인간은 욕망을 실현하기 위해서는 목숨도 아끼지 않는다. 욕망은 모든 인간 행동의 근원이며, 인간의 모든 행동은 욕망의 원천에서 샘솟는 지류에 불과하다. 따라서 사람의 마음을 사로잡아 분발시키려면 격렬한 욕망의 불꽃을 심어주는 것이 효과적이다.

정신분석학자 프로이트는 욕망과 성의 충동을 인간 행동의 두 가지 동기로 꼽았다. 위대해지고 싶고 남보다 우위에 서서 자신의 존재를 과시해 보고 싶다는 기분이야말로 인간의 본능적 욕망이다. 따라서 욕망은 분발을 촉구하는 자극제가 될 수 있다.

옛날에는 전쟁터에서 누구나 선봉에 서기를 열망했다고 한다. 선봉에서 공을 세워 위대해지고 싶은 욕망에 사로잡힌 까닭이다. 지장智將은 이러한 공명심을 요령 있게 자극하여 부하 장수들을 분발하게 만들었다.

대화법 ★ 기분 좋은 충고법 〈1〉

상대를 꾸짖을 때는 상처가 될 말은 하지 않는다. 상처나 약점을 건드리게 되면, 상대의 감정을 자극하기 때문에 더욱 나쁜 결과를 초래하게 마련이다.

상대에게 자신감을 심어주어라!

아랫사람을 통솔해 본 경험이 있는 사람은, 사람의 능력을 끌어내는 방법에 있어서 직설적인 지시보다는 우회적이고 간접적인 방법이 더 적절하다는 사실을 잘 알고 있을 것이다. 이것은 누군가에게 충고를 하거나 자극을 줄 때도 마찬가지다.

사람은 무한한 잠재 능력을 지니고 있다고 한다. 이러한 잠재적인 능력은 저절로 확대되고 개발되는 것이 아니다. 좀 더 나아지려고 하는 의지와 결심이 설 때 비로소 발휘되는 것이며, 그런 의지와 결심은 강한 자신감에서 나온다.

나폴레옹이 "나의 사전에 불가능이란 없다."고 호언하면서

험준한 알프스 산맥을 넘을 수 있었던 것은 인간 능력의 무한한 가능성을 알고 있었기 때문이다.

스피치 전문가인 정 선생은 십여 년 동안 강의를 해오면서 '늦었다고 생각한 때가 가장 빠른 때다.'라는 말로 수강생들에게 자신감을 심어주었다. 해보겠다는 의욕이 왕성한 수강생들에게 아직도 늦지 않았음을 강조해서 그들이 굳게 결심할 수 있도록 한 것이다. 이 말은 모 기업의 캐치프레이즈로 사용되어 사람들로부터 좋은 반응을 얻었다.

용기를 발휘한다는 것은 자신이 지닌 능력을 겉으로 드러내는 것이다. 적극적인 사람은 혼자 행하고, 소극적인 사람은 남의 도움을 필요로 하기도 한다. 그러나 무조건 충고나 격려의 말을 한다고 해서 개인의 능력이 확대되거나, 신념이 굳어지지는 않는다.

사람은 스스로 파도를 헤치고 살아가는 데 대한 두려움을 갖고 있다. 로빈슨 크루소의 이야기를 하찮은 소설로, 또 탐험가들의 진정한 용기를 전설로만 치부하려고 한다.

하지만 인간은 스스로의 능력과 용기와 판단에 의지해서 살아가야 하는 존재이기 때문에, 누구도 직접적인 도움을 줄 수 없다. 삶은 스스로 만들어 가야 하는 것이다. 그러나 대부분의 사람들이 혼자 힘으로는 세상을 살아가기 힘들다는 생각에 사로잡혀 있다.

따라서 상대방의 능력을 신장시키려면 우선 스스로 해보겠다는 자신감을 가질 수 있도록 해야 한다. 스스로 무언가를 할 수 있을 것 같은 자신이 생겼을 때, 적당한 방향을 제시해 주는 것이 좋다. 그러면 인간의 능력은 무한정 확대되고, 실의에 빠졌던 사람은 용기를 되찾을 수 있을 것이다.

열등감을 자극하는 말은 삼가라!

사람들이 열등감을 갖는 원인은 대부분 타인의 지적이나 평가 때문이다. 더욱이 의지가 박약하고 자기 자신을 객관적으로 판단할 수 없는 사람에게서 이러한 증상은 더 심하게 나타난다. 상대와의 첫 대면에서는 열등감을 느끼지 못하더라도, 상대가 자신의 약점을 지적하면 대화할 용기와 의욕을 잃고 마는 것이다.

심리학자 김 교수는 많은 사람들을 조사 대상으로 하여 언어 심리를 분석한 적이 있다. 그 결과 타인의 평가에 민감한 사람일수록 열등감이 심하고 대화에도 문제가 있다는 사실을 밝

허냈다.

모 전자회사에 다니는 이 군은 회사 내에서 너무 말수가 적고 인간관계도 원만하지 않았다. 그는 학교 성적도 우수한 편이었고, 그 회사의 입사 시험에서도 우수한 성적으로 합격했던 능력자였다. 그런데 그는 어릴 적부터 자신의 내성적인 성격 때문에 고민을 많이 했다고 한다.

그가 이런 성격을 갖게 된 데는 이유가 있었다. 그는 어릴 때 그네에서 떨어진 후 다리를 조금 절게 되었는데, 심각한 상태는 아니고 뛰어갈 때를 제외하면 다리를 저는지조차 알 수 없는 정도였다.

그런데 주위 사람들은 머리도 좋고 마음도 착하지만 다리를 절게 되었으니 출세하기는 힘들겠다는 말을 종종 했다는 것이다. 그는 오랫동안 이런 말을 들어오면서 사람들을 점점 꺼리게 되었고, 시간이 지날수록 이러한 증상이 심해졌다. 한때는 비감에 젖어 죽어버릴까 하는 생각도 했다고 한다.

이 군은 김 교수에게 자기 자신은 다리의 장애가 그렇게 심각하다고 생각한 적이 없는데, 주위 사람들의 걱정스런 말을 많이 듣다 보니 자기도 모르게 마음 한쪽에 콤플렉스로 자리 잡게 된 것 같다고 털어놓았다.

김 교수는 이 군에게 자신이 불편하지 않다면 다른 사람들의 말에 신경 쓸 필요가 없다고 다독였으며, 자신 있게 살아가라고 충고했다.

오랫동안 결점을 지적받으면 열등감이 쌓여서 성격이 삐뚤어지게 되고, 급기야는 사회생활도 원만하게 하지 못한다. 이군과 같은 사람들은 특히 주위의 시선에 전혀 개의치 않는 강한 의지가 필요하다. 그리고 자기를 남과 동등하게 놓고 객관적으로 볼 줄 아는 지혜를 길러야 한다.

더 효과적인 방법은 열등감의 원인을 역추적해 내는 것이다. 내가 무엇이 열등하고 무엇이 문제인가를 스스로 규명하고, 자신을 객관적으로 평가할 수 있어야 한다.

> **대화법 ★ 기분 좋은 충고법 ⟨2⟩**
> 인간적인 관심과 애정을 가지고 충고한다. 상대의 생활에 깊은 관심을 가지고, 인간적인 애정을 바탕으로 설득하고 용기를 주어야만 효과를 거둘 수 있다.

힐책은 단 한 번으로
끝내는 것이 좋다

같은 실수를 되풀이하지 않는다면 힐책의 말은 짧을수록 효과적이다. 힐책의 말이 길어지면 잔소리가 되기 때문이다.

스페인의 헤레스라는 지역에 잔소리가 유난히 심한 한 부인이 있었다. 그녀의 남편은 그녀의 잔소리를 견디다 못해 절명하고 말았다고 한다. 그녀는 남편이 죽고 난 후에야 자신의 잘못을 깨닫고, 사죄하는 뜻으로 남편의 초상을 자기 혀에다 새겨 넣었다고 한다.

이 일화는 매우 극단적인 예이기는 하지만, 잔소리가 심하면 의외의 비극을 초래할 수 있다는 사실을 보여주고 있다.

슬기로운 왕의 대명사로 알려져 있는 솔로몬 왕은 "잔소리 심한 여자와 같이 지내느니 차라리 지붕 밑 다락방에서 혼자 사는 것이 현명하다."고 하며, 잔소리는 인간관계를 망치는 독소가 될 수 있음을 경고했다.

잔소리는 비평이나 힐책과는 다른 것이다. 상대방을 꾸짖기 위한 비평이나 힐책은 짧을수록 좋다. 또 예전의 잘못을 들추어내거나, 소소한 잘못을 큰 잘못으로 확대시켜서 상대방을 힐책하는 것도 좋지 않은 방법이다. 이럴 경우 상대방은 잘못을 깨닫고 뉘우치기에 앞서 오히려 힐책 자체를 짜증스러워하기 마련이다.

힐책의 본 목적은 명료하게 충고하여 책임에 대한 의무를 주지시키고, 추진하고 있는 사업을 개선하는 것이다. 그러나 힐책의 말을 잔소리처럼 늘어놓으면 그런 효과는 기대할 수 없다. 특히 상대방의 상처를 건드리는 힐책은 상대의 감정을 상하게 하기 때문에, 더욱 나쁜 결과를 초래한다.

고대 에피쿠로스 학파의 태두인 에피쿠로스는 "긴 말이나 짧은 말이나 거기에 내포하고 있는 목적은 한 가지다"라며, 쓸데없이 말을 많이 할 필요가 없음을 강조했다.

실업가이자 교육자인 데일 카네기도 "잔소리를 들으며 최고급 요리를 먹기보다는 편한 마음으로 핫도그를 먹는 것이 더 낫다."고 했다.

힐책이나 비평의 말은 짧을수록 좋다. 진정으로 상대방을 위하는 힐책이라면 결코 잔소리가 되어서는 안 된다.

군웅할거 시대인 춘추 전국 시대의 조나라에 후덕한 재상이 한 사람 살고 있었는데, 그에게는 망나니 같은 외아들이 하나 있었다. 아들은 매일 술을 먹고 고성방가를 하거나 지나가는 행인들에게 행패를 부리기 일쑤였고, 술을 안 먹은 날은 지독한 욕설을 하며 남 흉보는 것을 좋아했다.

그런 아들을 그대로 두고 눈을 감을 수 없었던 재상은 임종 직전에 아들을 불러, "애비가 죽거든 하루에 한 번만이라도 입을 꼭 다물고 저잣거리에 나가거라." 하는 유언을 남겼다.

재상이 죽은 뒤 아들은 유언을 받들어, 저잣거리에 나갈 때는 입을 굳게 다물었다. 이곳저곳에서 싸우는 소리, 흥정하는 소리, 남의 흉보는 소리가 들려올 때마다 거기에 끼어들고 싶어 미칠 지경이었다.

그때마다 그는 아버지의 유언을 떠올리고는 마음을 굳게 먹고 그곳을 그냥 지나쳤다. 그러기를 수개월이 지나자 마침내 그는 말없고 진지한 사내로 변했다.

살아생전에 어떤 말로도 아들을 깨우칠 수 없었던 재상은 임종 직전에 단 한마디 충고로 아들을 참다운 사람으로 거듭나게 했던 것이다.

이렇듯 남을 충고하거나 힐책할 때는 많은 말이 필요 없다. 상대방이 마음 깊이 받아들일 수 있는 한마디 말이면 족하다.

힐책의 말은
자상하고 부드럽게 하라

친근감이 결여된 비판은 자칫하면 상대의 반발심을 유발할 수 있다. 사람들은 보통 비판의 말을 들으면 마음의 상처를 받으며, 자칫하면 적의를 품기도 한다.

자신이 존경하는 사람이라도 일단 비판을 받으면 기분이 상하기는 마찬가지다. 냉정한 비판을 듣게 되면 대부분의 사람들은 자존심에 상처를 받는다. 존경하는 마음은 상대가 자신의 잘못을 따뜻하게 포용해 줄 때 우러난다.

국내 굴지의 정유공장에서 있었던 일이다.

작업 감독관이 공장 내부를 순찰하고 있는데, '화기 엄금'이라는 팻말이 걸려 있는 매우 위험한 작업 현장에서 한 직원이 태연스레 담배를 피우고 있었다. 감독관은 매우 놀라서 호되게 야단을 치고 싶었지만 이내 마음을 가라앉히고, 그에게 천천히 다가갔다.

"담배 맛이 좋은가? 나도 한 대 주게."

그 직원은 갑작스레 나타난 감독관이 담배를 달라고 손을 내밀자 당황하여 이러지도 저러지도 못한 채 안절부절못하고 있었다.

그 직원에게 담배 한 개비를 받아 든 감독관은 "자, 그럼 어디 한 대 피워볼까? 그런데 말일세, 이곳에서 담배를 피우다가 이 가스통이 폭발하면 어떻게 되지? 자, 우리 저 밖으로 나가서 피우세. 그리고 앞으로 여기서는 절대 금연이네. 알겠나?"라고 말했다.

힐책은 이렇게 자상한 배려와 함께 해야 큰 효과를 발휘한다. 그러나 이처럼 부드럽게 충고한다는 것이 사실은 쉽지 않다. 대부분의 사람들은 그 자리에서 정신이 번쩍 들도록 호통을 칠 것이다.

그러나 감독관은 여기서 그치지 않고 "나도 자네 못지않은 골초야. 어떤가? 한참 힘들게 일하고 나면 담배 맛이 그야말로 꿀맛 아닌가?" 하면서 그 직원을 격려해 주기까지 했다. 감독관은 적당한 선에서 힐책을 접고, 상대방이 무안해할 것을 우려하여 위로의 말까지 덧붙인 것이다. 이렇게 되면 이 직원은 감독관을 존경하지 않을 수 없게 된다.

심한 힐책으로 직원들의 반감을 사고 의욕을 상실하게 한다면, 힐책 본연의 목적을 잃어버리는 것이다. 힐책과 비평의 의도는 지금보다 좀 더 나은 결과를 얻는 데 있다. 힐책이 상대의 의욕 상실로 이어진다면 그것은 비난밖에 되지 않는다.

힐책은 상대방이 마음속으로 '꾸중을 들었다.'가 아닌 '격려를 받았다.'고 생각하게끔 해야 한다.

자신의 업무를 마감일까지 마치지 못한 직원에게 직접적으로 나무라면 그 직원은 오히려 불만을 품게 된다. 이럴 때는 부드러운 한마디면 충분하다. "자네답지 않게 왜 그러나? 자네라면 그 정도는 얼마든지 처리할 수 있지 않나? 혹시 무슨 걱정거리라도 있나? 나도 요즘 쉽게 피로하고 지치는데, 자네도 그런가?" 하면서 따뜻한 격려의 말을 잊지 않는다면 그 직원은 더욱 분발할 것이다.

미국의 제너럴푸즈 사의 창설자인 전설적인 사업가 프랜시스는 상대의 잘못을 지적하고 난 후에는 상대가 자존심 상하지 않도록 반드시 위로의 말을 잊지 않았다고 한다. 결국 그는 직원들로부터 존경받는 기업가의 표본이 되었다.

대화법 ★ 기분 좋은 충고법 〈3〉

현재의 실수에 대해서만 지적한다. 예전의 잘못을 끄집어내거나 작은 잘못을 큰 잘못으로 확대하게 되면, 상대방은 잘못을 깨닫고 뉘우치기보다는 오히려 힐책 자체를 짜증스러워한다.

객관적인 입장에서 말을 하라!

말을 할 때 주관적인 입장에 놓이게 되는 것은 어쩌면 당연한 일이다. 하지만 자신의 주관이 지나치게 개입되면 감정적으로 치우칠 우려가 있다. 특히 상대방에게 충고하거나 비판할 때는 감정을 누르고 객관적인 입장에서 이야기하는 것이 좋다.

비판의 말은 일상적인 대화를 하는 기분으로 상대를 배려하며 해야 한다.

자의식이 너무 강해서 타인과 조화를 이루지 못하는 사람들은 대개 자존심이 매우 강하다. 이들의 특징은 무엇이든지 자신의 입장에서 생각한다는 것이고, 그런 만큼 타인에 대한 이해

나 배려가 부족하다는 것이다.

물론 남과는 다른 개성도 중요하지만, 개성이 강하다는 것을 능력이 뛰어난 것으로 오해하면 곤란하다. 개성이 강한 것과 유능하다는 것은 다른 문제이다. 자신의 개성이 다른 사람과 조화를 이룰 수 있도록 하는 현명함이 필요하다.

성형외과 전문의인 오씨는 사람들이 성형에 관해 문의해 오면 우선 가능한 한 생긴 그대로의 자연미를 가꾸라고 충고한다. 성형 수술을 받으려고 하는 사람들은 보통 부분 성형보다는 얼굴의 전면에 걸쳐 성형하기를 원하는데, 이때 그는 수술 후에 후회했던 사람들을 일일이 예로 들면서 다시 한 번 신중히 생각해 보고 결정하라고 충고한다는 것이다.

오씨는 "당신의 눈은 얼굴에 비해 결코 작지 않습니다."라든가, "코가 너무 높아지면 얼굴의 균형을 심하게 해칠 수 있습니다."라고 하면서 환자들을 설득했다. 그러면 대부분의 사람들은 자신의 말에 따라 부분 성형에 만족한다고 한다.

성형외과 의사들이 모두 오씨처럼 충고하는지는 모르겠지만, 이런 비결 때문에 아마도 그가 믿음이 가는 실력 있는 의사로 손꼽히는 것 같다.

일부분에 대한 지적은 반대로 다른 부분에 대한 칭찬의 말이 될 수도 있다. 수많은 장점과 함께 가지고 있는 작은 결점에 대한 충고나 지적을 받는 것에 대해 기분 나빠하거나 마음이 상할 필요가 없는 것이다.

"계획도 좋고, 자료 수집도 좋습니다. 그런데 약간의 문제가 있군요."

이런 충고를 감정적으로 받아들일 사람은 없을 것이다. 충고를 할 때는 자신의 주관보다는 객관적 사실에 근거해야 하며, 어떤 부분에 대한 것인지 구체적으로 지적해야 한다.

대화법 ★ 기분 좋은 충고법 〈4〉

힐책은 최대한 자상하게 한다. 인간적인 애정이 결여된 비판은 상대의 반발심만 불러온다. 그리고 둘만 있는 자리에서 진지하게 말해야 상대의 자존심을 지켜줄 수 있다.

충고의 말은 칭찬으로 시작하라!

누군가의 잘못을 지적해서 개선시키고자 할 때는 먼저 따뜻한 칭찬의 말로 시작하라.

얼마 전 텔레비전에서 「전국노래자랑」이라는 프로그램을 본 적이 있다. 순수 아마추어들이 흥에 겨워 자신의 노래 실력을 뽐내는 모습이 보기 좋았는데, 출연자의 노래가 끝나자 심사위원의 심사평이 점잖게 이어졌다.

"……세 번째 출연자는 음정이 고르지 못해서 듣는 사람에게 가사가 정확히 전달되지 못했습니다. 발음과 음정 훈련을 좀더 한 뒤에 다시 출연하셔야 하겠습니다. 또 둘째 소절은 출연자가 마음대로 편곡하신 모양이군요……."

그 심사평을 들은 출연자의 마음은 어떠했을까? 아마도 기분이 좋지 않았을 것이다.

노래자랑에 나온 출연자 대부분은 전문적으로 음악을 공부하지 않은 사람들이기 때문에 노래를 하다가 실수도 할 수 있고, 박자나 음정이 틀릴 수도 있다. 그런 만큼 심사평을 할 때는 그들에 대한 따뜻한 배려가 있어야 한다.

예를 들면, "세 번째 출연하신 분은 노래에 정말 소질이 있군요. 성량도 풍부하고, 박자도 정확했습니다. 발전 가능성이 보입니다. 그런데 오늘 부르신 곡은 자신과 잘 맞지 않는 곡을 선택하신 것 같군요. 다른 곡이었다면 훨씬 더 좋았을 텐데……." 하는 식으로 먼저 칭찬한 뒤 개선할 점을 지적해 준다면, 그 출연자는 더욱 자신감을 가지고 노래를 부를 수 있을 것이다.

이처럼 상대방에게 마음의 상처를 주지 않으면서 부족한 부분을 개선할 수 있도록 하려면 어떻게 해야 할까?

먼저 찬사와 지적과 격려의 세 부분으로 나누어 말해 보라. 그렇게 하면 상대는 지적받는다고 여기지 않으면서 분발의 계기로 삼을 수 있다. 그리고 오히려 그런 말을 해준 것을 고마워할 것이다.

꼭 필요한 충고를 해야 될 경우, 먼저 상대의 의견을 존중하고 능력을 인정하며 찬사를 보낸다. 그런 다음, '그러나' '단지' 등의 단서를 달아 충고를 전달하면 된다.

대부분의 경우, 일단 감동을 받으면 어느 정도 비판의 말이 뒤따르더라도 겸허하게 받아들인다. 특히 윗사람이 아랫사람에게 충고할 때 이 방법을 사용하면 만족할 만한 효과를 얻을 수 있다.

아랫사람이 실수를 저지르더라도 윗사람으로서 무조건 질책하기보다는 따뜻한 격려와 함께 조언하는 것이 올바른 충고 방법이다. 때로는 마음속으로 상대를 호되게 나무라고 싶은 경우도 있을 것이다. 그럴 때도 일단 감정을 가라앉히고 따뜻하고 부드럽게 대해야 한다.

이것은 설득력을 더욱 높이기 위한 수단이고, 상대의 반발심을 막기 위한 좋은 방법이다.

고압적이고 억압적인 자세로 상대를 비판하고 충고하는 것은 상대의 마음을 상하게 할 뿐 아니라, 결과적으로 의욕을 꺾어버리는 일이다. 또한 시대적인 추세와도 맞지 않는 방법이다. 추켜세울 줄도 알고 진지한 충고와 격려를 병행할 수 있는 사람이야말로 유능한 상관이자 리더가 될 수 있다.

둘만 있는 공간에서 질책하라!

상대를 비판할 때는 가능한 한 공개적인 자리를 피해 둘만 있는 자리에서 하는 것이 좋다. 많은 사람들이 보는 앞에서 잘못을 지적하거나 비판하면 상대는 모욕감으로 인해 자존심에 큰 상처를 입게 되어, 뉘우치기보다는 원망하는 마음이 더 커지게 된다.

그렇게 되면 원래 의도했던 것과는 전혀 다른 결과를 낳게 된다. 비판할 때는 상대방의 자존심이 상하지 않도록 둘만의 자리를 만들어서 진지하게 대화를 나누어야 한다.

비판을 받을 때 기분이 좋아지는 사람은 아무도 없을 것이다. 그러므로 상대의 자존심을 최대한 살려주면서 비판을 해야 상대방도 마음을 열게 된다. 다음은 H사의 김 부장이 겪은 사례이다.

✳   ✳   ✳

무역부의 한 직원이 외국 바이어에게 엉뚱한 견적서를 보내는 바람에 주문이 취소되고 말았다. 그 직원은 평소에도 크고 작은 실수가 잦았던 터라, 나는 퇴근 시간 후에 그 직원과 단둘이 남게 되자 허심탄회하게 얘기하기로 했다.

내가 그 직원의 잦은 실수에 대해 주의를 주고 분발하도록 당부를 하고 있을 때, 마침 퇴근했던 여직원이 사무실로 되돌아 왔다. 빠트린 물건을 가지러 온 그녀는 자기 책상으로 가다가 우리 두 사람의 분위기가 이상하다고 느꼈는지 잠시 멈칫했다.

그러자 갑작스럽게 상황이 돌변했다. 묵묵히 듣고만 있던 그 직원이 당황한 듯 내 말문을 막고, 거세게 반발하는 것이었다. 나는 당황할 수밖에 없었다. 정당한 질책을 하는 내게 대드는 그 직원의 태도가 괘씸하기 짝이 없었다. 하지만 다음 순간, 갑자기 들어선 여직원 때문에 그랬겠구나 하는 생각이 들자, 더 이상 얘기하고 싶은 마음이 사라져 버렸다.

✳   ✳   ✳

김 부장의 이야기는 우리 주변에서 무수히 일어나는 일상적인 일 중 하나이다. 사실 문책 한마디에 인간관계가 단절되기도 한다. 공개적인 비판은 오히려 상대를 자극하기 일쑤이다. 물론 자신의 실추된 명예를 회복하고자 분발하는 계기가 될 수도 있지만, 그보다는 심한 패배감을 느끼기 쉽다. 비판의 효과는 말의 논리에서 비롯되는 것이 아니라 인간의 정情에 좌우되는 것이다.

프랑스의 사상가인 라 로슈푸코는 "우리는 다른 사람의 정체를 밝히기를 좋아하지만, 자신이 남에게 노출되면 누구나 불쾌감을 느끼게 된다."고 했다.

자신만의 사생활은 누구나 갈망하는 것이다. 많은 사람들이 공존하고 있지만, 누구나 심각한 개인주의에 빠져 있는 것이 현실이다. 자기만의 만족으로 미소를 얻고 불만은 혼자서 삭이려고 노력하는 한편, 자신의 결점이나 무능한 점은 남한테 들키지 않으려고 하는 것이 본능이다. 그러므로 특히 개인적인 생활을 충고하는 비판은 그만큼 신중해야 한다.

감정을 자극하지 않는 훌륭한 비판이란, 제삼자는 모르도록 배려하는 데서 출발한다.

대화법 ★ 기분 좋은 충고법 〈5〉

비평이나 힐책은 되도록 짧게 한다. 힐책의 말이 길어지면 잔소리가 되고, 잔소리가 되면 상대방은 더 이상 주의해서 듣지 않는다.

변명에는 직접적인
충고로 대응하라!

사람은 누구나 자신의 나쁜 행동은 보지 못한다. 남에게 피해를 주는 행동을 했을 때도 갖은 변명으로 자신의 행동을 합리화하려고 한다. 많은 부하, 높은 지위, 강한 권력을 지니고 있는 사람일수록 상대적으로 그런 경향이 강하다. 그런 사람들은 보통 잘못을 지적해 주지 않으면 자신이 가장 완벽하고 공명정대하다고 생각한다.

산업심리학자인 더트 호스트만은 "사람들이 자기 자신을 무고하고 공명정대하다고 여기는 것은 자신이 불충분하다고 느끼기 때문이다. 결국 자기 자신을 신뢰하지 못하기 때문인데,

인간은 여전히 신뢰 관계를 보상할 수 있는 능력을 갖추지 못하였다."며 인간의 자기보호 본능과 이기주의에 일침을 가했다.

그의 말에도 언급되어 있듯이, 자기의 처지가 수세에 몰리면 남의 힐책이나 비판을 수용할 여유를 잃게 된다. 이런 사람들은 자기 고집을 강하게 내세워 사람의 신망을 잃게 된다. 변명만을 일삼는 사람이 친구들의 충고를 무시했다가 결국은 신의를 잃고 외톨이가 되는 경우를 종종 볼 수 있다.

위대한 과학자인 뉴턴도 아주 평범한 사실을 무시하고 자기 고집을 내세우다가 하인으로부터 빈축을 산 적이 있다.

뉴턴이 하루는 빨갛게 단 난롯가에 앉아 있자니 더워서 견딜 수가 없었다. 참다못한 뉴턴은 하인을 불러 난로의 불을 끄라고 말했다. 그러나 하인은 "난로의 불을 끄면 곧 다시 춥다고 불을 지피라고 하실 텐데요."라고 말하며, 그의 즉흥적인 태도에 불만을 표시했다. 그러나 뉴턴은 들은 척도 하지 않고 계속해서 불을 끄라고 했다. 마침내 하인은 몹시 딱하다는 표정을 지으며, 이렇게 말하는 것이었다.

"그렇게 난로 옆에 바싹 앉아 있지 말고 좀 멀리 떨어져 앉으세요."

하인의 말에 뉴턴은 더 이상 대꾸하지 못했다. 뉴턴은 자신의 고집 때문에 한심스럽게도 하인의 충고까지 듣게 되었던 것이다.

　이처럼 자신의 잘못된 생각이나 태도에 대한 충고를 잘 받아들이지 않는 사람에게는 좀 더 적극적인 충고가 필요하다. 자신이 무지하거나 무례한 것을 모른 채 어떤 완곡한 충고도 받아들이지 않는 사람에게는 좀 더 직접적으로 인식시켜 주는 것이 훨씬 효과적이다.

대화법 ★ 기분 좋은 충고법 〈6〉
아랫사람을 힐책할 때는 확실한 근거를 가지고 구체적으로 지적한다. 잘못된 점을 구체적으로 명시해 줘야 상대가 자신이 무엇을 잘못했는지 깨달을 수 있다.

비판은 하되,
간섭은 하지 않아야 한다

사람들은 보통 사생활에 대해 비판을 받으면 매우 예민하게 받아들인다. 상대방이 설사 악의 없이 내뱉은 말이라 해도 몹시 불쾌해한다. 하물며 자신이 지나치게 간섭받고 있다고 생각되면 누구라도 화가 날 것이다.

미국의 심리학자 시노트가 사람이 화를 내는 이유를 연구 분석한 적이 있다. 그의 연구 결과에 따르면 사람들은 일반적으로 자존심에 상처를 받았을 경우나 욕구 불만, 수면 부족, 심리적인 불안감에 의해 화를 낸다고 한다.

시노트의 연구 결과를 바탕으로 미루어 보면, 사람들은 지나친 간섭을 받을 때 가장 많은 스트레스를 받는다는 것을 알 수 있다. 따라서 상대에게 충고하거나 비판할 때는 간섭한다는 인상을 주지 않도록 해야 한다.

전문 상담가 구 박사에게는 베어링을 생산하는 모 회사의 제작 책임자로 근무하는 친구가 한 사람 있었다. 어느 날 그 친구가 작업 생산량을 늘리라는 회사 방침을 받고 부하 직원들에게 다시 지시를 내렸는데, 작업에 진척이 별로 없었다고 한다. 그래서 그는 어떻게 하면 좋겠느냐고 구 박사에게 도움을 청해 왔다.

구 박사는 먼저 그 친구의 작업 독려 방식을 살펴보았는데, 그는 매시간 작업장을 돌아보며 작업이 부진하다 싶으면 장시간 지켜보는 식으로 직원들을 감독했다.

그래서 구 박사는 그에게 몇 가지 제안을 했다. 우선 순시하는 횟수를 줄이라고 했다. 그리고 작업량이 미달되었을 경우에는 나무라기보다는 충분한 휴식을 취하도록 배려하라고 했다. 그런 후 구체적으로 작업의 효율을 높이기 위한 방법을 강구하기로 했다.

구 박사의 권유대로 시행하기로 한 그 친구는 며칠 뒤 다시 박사를 찾아와서는 말하기를, 처음에는 그런 대로 반응이 좋았지만 결국은 마찬가지라고 했다.

그래서 구 박사는 이번에는 작업 조를 두 개 조로 나누고 그들이 최대한 자유롭게 일할 수 있는 분위기를 만들어 주라고 했다. 또한 일하는 데 부담을 갖지 않도록 일단 생산 목표를 정하지 말라고 했다.

한 달 후 그 친구는 구 박사에게 전화를 걸어, 거짓말처럼 작업 능률이 배로 늘었다고 자랑했다고 한다.

이처럼 적절한 비판은 좋은 결과를 유도할 수 있지만, 그것이 지나친 간섭으로 비약되면 도리어 역효과를 낼 수 있다.

문제점은 구체적으로 지적하라!

대다수의 직장인들은 상사가 문책이나 꾸지람을 하면 그것을 자신의 잘못을 개선하는 계기로 삼는 것이 아니라, 그냥 쓸데없는 잔소리로 받아들인다. 이러한 현상은 상사가 그들에게 문제점을 구체적으로 지적하지 않기 때문에 생기는 것이다.

상대방을 힐책할 때도, 상대가 개선할 목표를 갖게 해주는 것이 힐책하는 사람의 도리이다. 상대가 자신이 무엇을 잘못했는가를 깨달을 수 있어야 한다는 것이다. 따라서 힐책할 때에는 확실한 근거를 가지고 구체적으로 해야 한다.

대안도 제시해 주지 않고 문책만 하면 반성하는 마음보다는 감정만 상하게 된다. 부족하지만 나름대로 노력하여 일을 마무리했는데, 윗사람이 잘못된 점을 구체적으로 지적하지도 않고 막연히 꼬투리를 잡는다면 부하 직원은 더 이상 그 사람 밑에서 일할 마음이 없어진다.

문제점을 지적할 때 막연하게 "이걸 일이라고 했나? 쓸 만한 게 없어. 다시 해오게."라고 말하면, 아랫사람은 윗사람이 어떤 것을 생각하고 있는지 알 수 없다. '도대체 어떻게 하라는 거야?'라는 원망만 할 뿐이다. 이럴 때는 "이 부분은 좀 무리가 있어. 다시 한 번 조정해 보게. 그리고 회사가 추구하는 방향은 이러이러하니, 그 점에 초점을 맞춰 다시 한 번 정리해 보게. 수고했네."라고 말한다면, 부하 직원은 업무의 방향을 정확하게 인식하고 더 개선된 보고서를 올릴 것이다.

개선해야 할 상황을 구체적으로 제시하는 상사의 요구를 부당하다고 생각하는 사람이 있을까?

진짜 유능한 상사란 목표를 정해 놓고 그 목표를 달성하기 위한 계획을 아랫사람에게 지시할 수 있는 능력을 갖춘 사람이다. 이렇게 명확한 목표 의식을 가지고 일을 추진해 가다 보면 개선 사항이 보다 명확해진다.

공장에서 제품의 불량률이 늘어나 문제가 될 때라면, 상사는 좋은 제품에 대한 명확한 기준을 제시해야 한다. 종업원의 작업 실적이 부진하여 문제가 될 때라도 과학적인 분석 아래 목표를 설정해 주고, 그 기준에 도달하도록 유도해야 한다. 납득할 만한 기준과 목표 설정이 없을 때 사람들은 방향을 상실하게 되고, 자신의 잘못에 대한 힐책을 모면하기 위해 변명을 늘어놓게 된다.

어떠한 목표라도 최초의 한 발자국부터 시작해야 한다. 100을 목표로 삼았다면 1부터 시작하라고 지시한다. 무작정 100을 향해 돌진하게 하는 무리한 지시는 시행착오를 부를 뿐 아니라, 때에 따라서는 인간관계에 좋지 않은 영향을 미친다.

모 화학 회사에서 신제품으로 합성 세제를 개발할 때의 예를 들어보면, 처음에 기획자가 실무자에게 제시한 것은 제품 개요와 질, 그리고 원가 하한선에 관한 내용뿐이어서 실무자들은 몇 달이 지나도 제품에 대한 방향을 잡지 못했다고 한다. 그런데 기획자가 일본에서 최근 생산된 합성 세제를 입수하여 견본으로 제시하자, 실무자들이 단기간에 새로운 세제를 탄생시켰다고 한다.

명확한 방향 제시야말로 최상의 비판인 것이다.

대화법 ★ 기분 좋은 충고법 〈7〉

충고하거나 비판할 때는 감정을 누르고 일상적인 대화를 하는 기분으로 이야기한다. 그리고 자신의 주관보다는 객관적 사실에 근거해서, 어떤 부분에 대한 것인지 구체적으로 지적해야 불필요한 오해의 여지를 없앨 수 있다.

겸손한 태도로 충고하라!

충고와 비판은 누구나 기분 좋게 받아들일 성질의 것은 못된다. 충고는 보통 상대보다 우월한 사람이 보다 부족한 사람에게 하는 것으로 생각하게 마련이다. 그러므로 충고를 할 때는 상대의 자존심이 상하지 않도록 주의해야 한다.

『플루타르크 영웅전』에 보면 이런 말이 나온다.

"꿀이 상처에 좋다고는 하지만 상처에 바르면 우선은 쓰리기 때문에 싫고, 눈에 염증이 생기면 강한 빛이 싫듯 솔직한 충고를 들어야 하는 고통은 참을 수 없다."

아무리 진실하고 올바른 충고라도 상대의 자존심을 건드리거나, 마음에 상처를 입히면 역효과를 낳고 만다.

자신이 생각하기에 분명히 도움이 될 만한 이야기라도 섣불리 충고하면, 인간관계에 상처를 남길 수 있다. 적당한 분위기를 조성하고 부드럽게 받아들일 수 있는 여건을 만든 후에 말해야 한다.

미국의 인간관계 전문가인 제임스 벤더 박사는 충고와 비평의 시점에 대해 이렇게 이야기했다.

"내 경우 조언을 구하러 온 사람에게 우선 '나 역시 잘 모르지만……' 하고 말문을 연다. 상대가 '저쪽도 잘 모르는구나.' 하는 우월감을 느끼게 하는 것이다. 상대가 우월감을 느낀 후 충고를 하면 거의 완벽한 효과를 기대할 수 있다."

벤더 박사의 말대로라면, 상대의 감정 흐름을 적절하게 이용하여 상대의 우월감을 자극한 후 충고해야 한다는 것이다.

상대가 자청해서 충고나 조언을 의뢰하는 경우도 있는데, 이 경우에는 거의 모든 사람이 칭찬 섞인 말을 듣고 싶어 한다. 이럴 때 자존심을 굽히고 머리를 숙이는 상대에게 곧장 직언을 서슴지 않는 사람은 대개 대화에 실패하게 된다.

유명한 제과회사의 사장이 벤더 박사에게 노무 관리에 대해 조언을 청해 왔다. 사장은 박사에게 단도직입적으로 질문했다.

"박사님은 우리 회사를 위해 무엇을 하실 수 있습니까?"

벤더 박사는 잠시 망설이더니 "글쎄요, 잘 모르겠습니다만, 우선 중역 여러분들의 이야기를 들어봐야겠습니다." 하고 대답했다.

이 말을 들은 사장은 그 즉시 박사에게 향후 3년 동안 자기 회사의 자문을 부탁했다고 한다.

그 제과회사에는 그동안에도 여러 명의 전문가를 초빙한 적이 있었다. 초빙되어 온 전문가들은 한결같이 그들의 지론을 내세워 일방적인 충고를 서슴지 않았으나, 벤더 박사는 처음에는 '잘 모르겠습니다.' 하고 겸손한 태도로 임했기 때문에 사장이 신뢰할 수 있었던 것이다.

충고와 조언은 똑같은 내용과 똑같은 언어로 전달하더라도, 태도에 따라서 전혀 다른 효과를 낳을 수 있다.

지나친 잔소리는 간섭이다

세상에 잔소리 듣는 것을 좋아할 사람은 아무도 없을 것이다. 누군가 자신에 대해 관심을 가져주고 때론 따끔한 질책과 애정 어린 충고의 말을 해준다면 기꺼이 고맙게 받아들일 수 있겠지만, 관심의 정도를 넘어선 참견과 때를 가리지 않는 험담 및 독설로 자신을 몰아붙인다면 참기 힘들 것이다.

충고와 비난의 말은 적당히, 그것도 때를 가려가면서 해야 상대방에게 반감을 일으키지 않으면서 의도했던 효과를 거둘 수 있다.

나폴레옹 3세의 부인 마리 외제니는 절세미인으로 알려진

인물이다. 그녀의 미모는 세상 사람 모두가 감복할 정도였다고 하는데, 나폴레옹 3세는 그녀의 아름다움에 사로잡혀서 그녀를 황후로 맞이하게 되었다.

그런데 처음에는 주위 사람들이 그녀가 스페인의 가난한 귀족의 딸이라는 신분을 이유로 반대했다고 한다. 그러나 나폴레옹 3세는 그녀의 우아한 매력과 뛰어난 아름다움에 완전히 마음을 빼앗겨 주위의 반대에 귀를 기울이지 않았다.

나폴레옹 3세 부부는 적어도 겉으로는 건강·부·권력·명예·미·애정 등 연인들이 구비해야 할 모든 조건을 완벽하게 갖추고 있었다. 일찍이 그들만큼 애정이 충만한 연인은 그 예를 찾아볼 수 없을 정도라고 한다.

그러나 불행히도 맹렬하게 타오르던 두 사람의 애정의 불꽃은 얼마 지나지 않아 서서히 사위어 들었고, 결국에는 싸늘한 냉기가 감돌면서 갈등과 반목만이 남았다. 나폴레옹 3세는 외제니를 황후로 맞이할 수는 있었지만, 전 프랑스를 지배하는 황제의 힘과 권력으로도 그녀의 심한 잔소리를 막을 수는 없었다.

질투와 시기에 사로잡힌 외제니는 눈물 어린 황제의 말 따위는 안중에도 없었다. 국정의 중요 회의석상에 뛰어들어 회의를 방해하는 일이 비일비재했고, 그에게 다른 여자가 생기는 것이 두려워 잠시도 감시의 눈을 게을리 하지 않았다. 언니에게 달려가 남편의 험담을 하고 울고불고하며 아우성치는 일이 빈번했다고 한다.

또 그의 서재에 갑자기 뛰어들어 천박한 말로 상스런 욕을 퍼붓기 일쑤였다. 호화로운 궁전을 몇 개씩 가지고 있어 천하에 부러울 게 없는 황제 나폴레옹 3세였지만, 그에게는 지친 몸을 기댈 수 있고 평안을 되찾을 수 있는 그런 안락한 곳은 어디에도 없었다.

그렇다면 남편을 심한 잔소리로 몰아세웠던 외제니는 도대체 무엇을 얻었을까? 그녀는 세상 모두의 부러움을 샀지만 스스로 불행을 자초한 것은 물론, 남편 나폴레옹 3세의 삶까지도 불행하게 만들고 말았다.

미국의 16대 대통령 링컨의 생애를 비극적으로 만든 것도 역시 결혼이었다. 그가 암살당한 것은 차라리 그의 결혼 생활에 비하면 비극이 아니라고 말하는 사람들도 있다. 링컨의 부인 또한 세상에서 둘도 없는 잔소리꾼이었다. 그녀는 사반세기 동안 링컨을 심한 곤경에 몰아넣었다. 그녀는 날마다 남편에게 불평불만과 비난을 퍼부어 댔다.

그녀의 말을 들어보면 링컨은 좋은 점이라곤 하나도 찾아볼 수가 없는 위인이다. 그녀는 링컨의 인디언처럼 굽은 등, 보기 흉한 걸음걸이를 싫어했으며, 귀의 모양도 마음에 들어 하지 않았고, 얼굴 생김새도 성에 차지 않는다고 말했다.

링컨과 그의 부인은 모든 점에서 대조적이었다. 성장 과정, 기질, 취미, 사고방식 등 무엇 하나 공통된 것이 없었다.

링컨 연구의 권위자인 상원의원 알버트 J. 비바리치는 다음과 같이 회고했다.

"링컨 부인의 아우성 소리는 길 건너까지 들렸고, 끊임없이 근처에 울려 퍼지고 있었다. 그리고 종종 난폭한 행동을 하기도 했다."

링컨 내외는 신혼이 조금 지나서부터 친지의 집에서 하숙을 하게 되었다고 한다. 그 집의 주인은 미망인으로, 그녀는 의사인 남편과 사별한 후 하숙집을 꾸리고 있었다. 어느 날 아침, 링컨이 아침 식사를 하고 있는데, 갑자기 부인이 화를 벌컥 냈다고 한다. 원인은 알려지지 않았지만, 그녀는 너무나 화가 난 나머지 다른 하숙생들이 있는 자리에서 마시던 뜨거운 커피를 남편의 얼굴에 확 끼얹었다. 옆에 있던 사람들이 달려와서 수건으로 그의 젖은 얼굴과 양복을 닦아주었다. 그래도 링컨은 아무 말 없이 치욕을 참았다고 한다.

전례를 찾아볼 수 없을 정도로 질투심이 매우 강했던 링컨의 부인은 병적인 질투심으로 인해 결국엔 발광을 하기에 이르렀다.

그 후 링컨은 부인의 심한 잔소리 때문에 불행해진 결혼 생활을 내심 후회했으며, 될 수 있는 한 그녀와 얼굴을 마주하지 않으려고 노력했다고 한다. 그녀의 잔소리는 링컨으로 하여금 결혼 전에 가지고 있던 그녀에 대한 애정이 식도록 만들었고, 평생 동안 그녀를 외면하도록 만들었다.

스프링필드에는 링컨을 포함한 2명의 변호사가 있었다. 그들은 스프링필드의 일만으로는 늘 수입이 부족했기 때문에, 데이비스 판사를 따라 다른 지역의 법정을 순회하고 있었다. 다른 변호사들은 토요일이 되면 언제나 스프링필드의 집으로 돌아가 가족과 함께 즐거운 주말을 보냈지만, 링컨은 그러지 않았다. 그는 집으로 돌아가 아내의 잔소리와 짜증을 감당하기가 두려웠다. 그래서 링컨은 순회 재판에 나가는 봄의 3개월과 가을의 3개월 동안 결코 스프링필드에 발을 들여놓지 않았다.

링컨은 시골의 삼류 여관을 전전하는 생활이 아무리 비참해도 집으로 돌아가 부인의 잔소리를 듣는 것보다는 훨씬 낫다고 생각했던 것이다.

링컨 부인, 외제니 황후 등의 잔소리는 결과적으로 하나같이 그녀들의 생애를 더욱 비극적으로 몰고 갔을 뿐이다. 그녀들의 남편에 대한 분노와 잔소리는 그녀들이 의도했던 것과는 달리, 결국 그녀들의 삶에서 중요한 많은 것들을 파괴시켜 스스로 불행을 자초한 꼴이 되고 말았다.

뉴욕의 가정 재판소에 11년째 근무하고 있던 베시 헬레나는 수천 건에 달하는 이혼 소송의 내용을 조사한 적이 있었다. 그녀는 남편들이 집을 나가는 주된 원인이 아내의 심한 잔소리 때문이라고 말하고 있다.

「보스턴 포스트」지에는 이런 기사가 게재된 적도 있다.

"세상의 아내들은 시끄러운 잔소리로 스스로 결혼 생활의 무덤을 파고 있다."

상대에게 잔소리를 늘어놓고 화를 내는 일은, 그것을 행하는 의도와는 전혀 상관없는 결과를 낳는다. 그것은 본인과 상대의 관계에 결정적인 악영향을 초래해 두 사람 간의 거리를 멀어지게 하고, 결국엔 회복할 수 없는 지경에 이르러 스스로 불행해지게 된다.

그러므로 인간관계를 그르치고 싶지 않다면 잔소리를 삼가는 것이 좋다.

세련된 화법은 듣는 것으로부터
출발한다. 정열은 입을 열면 반드시
상대방을 굴복시키는 최고의
변설가(辨說家)이다.

라 로슈푸코

CHAPTER

4

성공적인
세일즈를 위한
대화법

'예스'라는 대답을
이끌어 내는 질문을 하라!

다른 사람과 이야기를 할 때 상호 간에 의견 차이가 있는 문제는 가능하면 처음부터 꺼내지 않는 것이 좋다. 서로의 의견이 일치하는 문제부터 먼저 이야기를 진행시켜 나가야 한다. 이것은 서로 동일한 목적을 향해 노력하고 있다는 것을 상대에게 인식시켜 동의를 구할 수 있도록 하기 위해서이다.

처음에는 가능한 한 상대가 '예스'라고 말할 수 있는 문제만을 골라서 이야기하는 것이 좋다. 될 수 있는 한 '아니다.'라는 대답은 듣지 않도록 한다.

생전에 파격적인 행동과 언어 때문에 괴짜로 통하던 국문학자 양주동 교수는 이렇게 말했다.

"상대가 일단 '아니다.'라고 말하면 그것을 철회시키기는 여간 어려운 일이 아니다. '아니다.'라고 한 이상 그것을 번복하는 것은 자존심이 허락하지 않기 때문이다. '아니다.'라고 성급하게 대답해 버리고 후회하는 경우도 있겠지만, 설사 그런 경우라 해도 쉽게 자신의 결정을 되돌리지 못하는 것이 인간의 심리다. 사람이라면 누구나 스스로의 자존심을 꺾기가 쉽지 않기 때문이다. 대개의 경우 한 번 말을 꺼낸 이상 그것이 옳든 그르든 끝까지 그것을 고집하게 마련이다. 그러므로 가능하면 이야기를 시작하는 단계에서부터 '예스'라고 말할 수 있도록 이야기를 끌고 가는 것이 중요하다."

말을 잘하는 사람은 먼저 상대방이 몇 번이고 '예스'라고 말하게끔 유도한다. 그렇게 대화를 진행하다 보면 상대의 심리가 긍정적인 방향으로 움직이기 시작하는 것이다. 이것은 어찌 보면 당구와도 같아서, 당구공이 어느 방향으로 구르기 시작하면 그 방향을 다른 곳으로 돌리기가 힘든 것과 같다. 만약 구르는 공을 반대 방향으로 되돌아오게 하려면 그보다 훨씬 더 큰 힘이 필요할 것이다.

이러한 인간의 심리는 신체를 통해서도 구체적으로 나타난다. 사람이 진심으로 '노'라고 말할 때는 단순히 입으로만 그 말을 하고 있는 것이 아니라, 동시에 신체의 모든 면이 그러한 말을 뒷받침하게 되는 것이다.

즉, 인체의 각종 분비선·신경·근육 등 몸의 전 조직이 한꺼번에 일제히 거부 태세로 굳어진다. 그리고 대개의 경우 어느 정도 뒷걸음을 치게 되거나, 뒷걸음칠 준비를 한다. 때에 따라서는 그러한 심리가 눈에 띄는 동작으로 나타나는 경우도 있다.

그러나 '예스'라고 말할 경우에는 이러한 현상은 전혀 일어나지 않는다. 신체의 조직이 스스로 사물을 받아들이려는 태세가 된다. 그러므로 처음에 '예스'라고 여러 번 말하게 하면 할수록 상대를 나의 의도대로 설득하기가 그만큼 쉬워진다.

상대방에게 '예스'라고 말하도록 하는 대화의 기술은 지극히 간단하다. 그렇지만 이런 간단한 기술을 많은 사람들이 간과하고 있다.

여러 부류의 사람들과 대화하다 보면 처음부터 무조건 반대함으로써 자존심을 세우려는 사람들을 간혹 볼 수 있다. 특히 서로 성향이 다른 두 사람이 정치적인 문제를 놓고 대화하면, 곧잘 상대와 감정적으로 대립하게 되는 것을 볼 수 있다.

어떤 성과를 기대하는 대화에서 자기주장만을 내세우는 사람은 인간의 심리를 파악하려는 노력을 거부하고 무조건 자기의 생각만을 강요하는 우둔한 사람에 지나지 않는다.

상대가 학생·고객뿐 아니라 어린이·남편·아내 그 누구라도 처음에 '노'라고 말하게 해버리면, 그러한 대답을 '예스'로 바꾸기 위해서는 많은 지혜와 인내가 필요하다.

서울의 모 은행에서 출납 업무를 담당하고 있는 이 대리는 상대로 하여금 '예스'라고 말하도록 유도해서, 놓칠 뻔했던 한 고객을 유치하는 데 성공했다. 그의 말을 한번 들어보자.

＊　＊　＊

40대의 자영업자인 고객이 있었는데, 그 사람은 예금 계좌를 새로 개설하기 위해 은행을 방문했다. 나는 필요한 사항을 용지에 기입해 달라고 했다. 대부분의 질문에는 자진해서 대답해 주었지만, 그는 어떤 질문에 대해서는 끝까지 대답하려고 하지 않았다.

내가 인간관계에 대한 공부를 시작하기 전이었다면, 이 질문에 대답하지 않으면 계좌를 개설해 줄 수 없다고 분명하게 말했을 것이다. 부끄러운 이야기지만, 사실 나는 이제까지 고객들에게 그렇게 말해 왔다. 그렇게 해서 상대방을 골탕 먹이는 것이 정말 통쾌했다. 은행의 규칙을 방패삼아 나의 우월감을 상대에게 과시하려고 했던 것이다.

그러나 나의 이러한 태도는 힘들게 은행을 찾아주신 고객에게 은행에 대한 호감을 갖게 하기보다는 반감을 갖도록 종용했던 것이 사실이었다. 나는 이러한 그릇된 태도를 버리고 상식에 맞는 올바른 자세를 취하려고 결심했다. 은행의 입장에서가 아니라 고객의 입장에서 이야기하고, 고객이 처음부터 '예스'라고 말할 수 있도록 대화를 이끌어 보기로 생각했다. 그래서 나는 고객에게, 원하지 않거나 마음에 들지 않는 질문에는 구태여 대답할 필요가 없다고 말했다.

"그렇지만 만약 예금이 남아 있는 상태에서 선생님의 신상에 어떠한 일이 생겼을 경우, 어떻게 하시겠습니까? 법적으로 선생님과 가장 가까운 가족이 예금을 받으실 수 있도록 하실 생각은 없으신지요?"

그는 '예스'라고 대답했다. 나는 다시 "그럴 경우, 우리들이 신속하게 조치를 취할 수 있도록 가족의 인적 사항을 기록해 두면 어떻겠습니까?" 하고 물어보았다. 그는 또 '예스'라고 대답했다.

은행을 위해서가 아니라 자신을 위한 질문이라는 것을 알게 되자, 고객의 태도는 일변했다. 스스로에 대해 상세히 이야기했을 뿐 아니라, 나의 권유를 받아들여서 그의 모친을 수취인으로 하는 신탁 계좌를 개설하였고, 그의 모친에 관한 질문에도 기꺼이 답변을 적어주었다.

그가 결국 내가 말하는 대로 따르게 된 것은, 처음부터 그에게 '예스'라고 말하게 한 방법 때문이었다고 생각한다.

✷　✷　✷

다음은 K산업 영업부에 근무하는 구 대리의 경험담이다.

✷　✷　✷

내 담당 구역에서 우리 회사의 상품을 꼭 팔고 싶은 회사가 한 곳 있었다. 내 전임자는 10년간 그 회사의 사장을 따라다녔지만 아무런 성과도 거두지 못했다. 나도 그 구역을 인계받은 후 3년간 그곳으로 출근하다시피 했지만 헛일이었다. 그로부터 10년이 지나서야 겨우 몇 대의 제품을 팔 수 있었다.

그 제품의 성능이 우수했기 때문에 그 뒤부터는 틀림없이 수백 대의 주문을 더 받을 수 있으리라고 나는 기대하고 있었다. 3주 후에 나는 의기양양하게 그를 찾아갔다. 그러나 그 사장은 "구 대리, 당신 회사의 모터는 이제 그만 사겠소."라고 말했다. 나는 너무 놀라서 말이 제대로 나오지 않았다.

"도대체 무슨 이유에서입니까?"

"당신 회사의 모터는 쉽게 과열돼 함부로 손을 댈 수가 없어요."

그렇지 않다고 말해 봤자 소용없다는 것을 오랜 경험으로 잘 알고 있던 나는 상대가 '예스'를 말하게 해보아야겠다고 생각했다.

"사장님, 사장님께서 그렇게 말씀하시는 것은 당연합니다. 정말로 우리 회사의 모터가 쉽게 과열된다면, 더 사달라고 부탁드리는 것이 오히려 주제넘은 일일 것입니다. 정부가 정한 기준에 맞는 제품을 선택하는 것이 당연합니다. 그렇지 않습니까?"

그는 그렇다고 말했다. 처음으로 '예스'라는 대답을 이끌어 낸 것이다.

이어서 나는 이렇게 물었다.

"정부가 정한 기준에 의하면 모터의 온도가 실내 온도보다 화씨로 72도까지 더 올라가도 괜찮다는 것은 알고 계시지요?"

그는 또 '예스'라고 대답했다. 그리고 그는 "당신 말이 맞긴 한데, 그 모터는 그보다 더 높은 온도로 과열되오." 하고 말했다.

나는 다시 이렇게 물었다.

"공장 내의 온도는 몇 도 정도입니까?"

화씨 75도 정도 될 것이라는 그의 대답을 듣고 나는 이렇게 말했다.

"공장 내의 온도를 75도로 하고, 거기에다 72도를 가산하면 147도가 됩니다. 147도의 뜨거운 물에 손을 넣으면 화상을 입을 수밖에 없지요?"

그는 또 '예스'라고 대답하지 않을 수 없었다.

"작업 중에 모터에는 손을 대지 않도록 조심하지 않으면 화상을 입습니다."

"과연 당신이 말하는 대로군."

그는 항복하고 말았다. 그리고 잠시 동안 우리들은 환담을 나누었고, 그는 다음날 내게 3천만 원 상당의 물품을 주문했다.

＊　＊　＊

상대방을 설득할 때는, 논쟁을 지속하면 할수록 서로의 감정만 상하게 된다. 상대의 입장에서 생각하는 것은 논쟁을 하는 것과 비교가 안 될 만큼 커다란 이익을 가져다준다. 생각해 보면 우리들은 꽤 오랫동안 소모적인 논쟁을 하면서 막대한 손해를 봐왔다.

인류 역사상 인문학 분야에 일대 변혁을 가져온 아테네의 철인 소크라테스는, 사람을 설득하는 일에 관해서는 고금을 통하여 제일인자라 해도 과언이 아니다.

소크라테스는 결코 상대의 잘못을 지적하지 않았다. 소위 '소크라테스식 문답법'에서 그가 추구했던 것은 상대로부터 '예스'라는 대답을 계속 끌어내는 것이었다. 먼저 상대가 '예스'라고 말하지 않을 수 없는 질문을 한다. 다음 질문에서도 또 '예스'라고 말하게 하고, 그 다음에도 또 계속해서 '예스'라고 거듭 말하게 한다. 상대가 눈치 챘을 때는 애초에 부정하던 문제에 대해서도 어느 틈엔가 자신도 모르게 '예스'라고 대답해 버린 뒤인 것이다.

옛말에 이르길, '유능제강(柔能制剛, 부드러운 것이 능히 강한 것을 제어한다)'이라 하였다. 상대의 잘못을 지적하고 싶으면 소크라테스처럼 상대가 '예스'라고 말하게 해보라.

진실성이 담긴
개성 있는 화법을 구사하라!

고객에게 상품을 홍보해서 구매하도록 하는 것이 영업 사원의 업무다. 따라서 영업 사원의 말은 판매를 하는 데 있어 상품의 품질보다 더 큰 영향력을 발휘한다.

세련되게 말하지 못하는 세일즈맨은 고객의 흥미를 끌 수 없다. 따라서 구매력 있는 고객을 끌어들일 만한 화술을 구사하는 사람은 분명히 유능한 세일즈맨의 첫 번째 조건을 갖추고 있는 셈이다.

그렇다면 세일즈맨의 화법에는 어떤 요소가 내포되어야 하는가?

첫째, 진실과 열정이 있어야 한다. 말이 다소 서투르고 내용이 미흡하다 하더라도, 이야기에 진실성이 있고 열정이 배어 있다면 고객의 마음을 끌 수 있다.

둘째, 세일즈맨은 자신의 이야기를 즐길 줄 알아야 한다. 자신의 이야기를 즐긴다는 것은, 자기 이야기 속으로 심취해 들어가 즐겁게 말할 수 있어야 한다는 것이다.

고객들은 영업 사원의 말에 민감하게 반응한다. 영업 사원 스스로 즐겁게 이야기하다 보면 여러 가지 재미있는 화제도 파생될 수 있고, 대화 자체가 생기에 넘치게 된다.

마지막으로, 영업 사원 자신만의 개성 있는 화법을 구사해야 한다. 세일즈맨 하면 연상되는 판에 박힌 언어로는 결코 고객들의 마음을 사로잡을 수 없다.

자신만의 개성 있는 화법은 다른 사람과 구별되는 독특한 맛을 풍기므로, 항상 신선하고 향기로운 청량감을 주게 마련이다.

이상의 요소를 갖추고 있는 세일즈맨이라면 누구에게도 결코 뒤지지 않는 최고의 세일즈맨으로서 손색이 없을 것이다.

시를 쓰던 L씨는 살길이 막막하여 냉장고 외판원을 한 적이 있었는데, 그는 두 달 동안 다른 사람이 상상할 수 없는 엄청난 실적을 올려 주위 사람들을 놀라게 한 적이 있다. 실제로 L씨는 다른 영업 사원의 1년 치 이상의 실적을 단 두 달 만에 기록했다고 한다.

그렇다고 해서 L씨가 냉장고에 대해 해박한 지식을 가지고 있었던 것도 아니고, 인간관계의 비결을 터득한 처세의 달인도 아니었다. 그렇다면 그가 어떻게 그렇게 높은 실적을 올릴 수 있었을까?

그에게는 세련된 화술로 고객의 풍요로운 상상력을 불러일으키는 재능이 있었다. 시를 전공했기 때문에, 그와 이야기를 나누다 보면 상담인지 정담인지를 분간할 수 없을 정도로 다양한 화제로 대화를 하게 된다고 한다.

또한 그는 자기의 입장을 거리낌없이 말한다. 그는 즐겁게 자신의 일을 하고자 했던 것이다. 어떤 때는 방문한 집에서 시에 대해 토론을 한 적도 있다고 한다. 냉장고를 팔려고 들어간 집에서 문학 토론이라니, 그 누가 상상이나 할 수 있겠는가. 그에게는 또한 인생 상담을 해줄 수 있는 여유도 있었다. 고객들은 이런 그의 정감 어린 화술 때문에 그에게 호감을 느끼고 기꺼이 물건을 사주었던 것이다.

세일즈는 물건을 파는 것이 주목적이기 때문에 보통 건조한 대화가 오가게 마련이다. 그러나 정녕 유능한 세일즈맨으로 성공하고 싶다면, 활발하고 생동감이 넘치는 말로 고객에게 믿음과 신뢰를 줄 수 있어야 한다.

상대에게 부담을
주는 말은 삼가라!

　세일즈맨들이 성공적으로 물건을 팔려면 첫째, 철저한 영업
전략을 수립해야 한다. 그런 다음에는 끈질긴 접근을 통해 구매
를 이끌어 내야 한다.

　세일즈의 가장 기본이며 주를 이루는 것이 방문 판매인데,
이때 기동력은 생명과도 같은 것이다. 남보다 한 발 앞서 고객
을 찾는 민첩한 행동이야말로 세일즈맨에게 있어 성공의 지름
길인 것이다. 거기에다 사전에 고객에 대한 면밀한 자료 분석이
선행되어야 한다.

　직업·성격·환경에 관한 것 등 고객에 대한 정보는 많으면

많을수록 좋다. 만약 고객에 대한 정보가 아무것도 없다면 방문을 연기해야 한다. 고객에 대한 사전 정보가 전무한 상태에서 고객을 찾아가는 것은 군인이 총 없이 전쟁터로 향하는 것과 같다. 변변한 총 한 자루 없이 전투에서 살아남을 수 없듯이, 고객을 찾아가기 전에 고객에 대한 다양한 정보를 파악하는 것은 영업 사원의 기본적인 태도다.

처음 방문했을 때는 결코 서두르지 말고 그저 고객에게 자신을 알리는 데서 그쳐야 한다. 처음부터 물건을 팔고자 하는 속마음을 드러내면 고객은 부담을 느껴, 더 이상 만나지 않으려 할지도 모른다.

"오늘은 영업을 하고자 온 것이 아닙니다. 그냥 인사를 드리려고 왔습니다. 잠시 폐를 끼치고 가도 되겠습니까?"

이렇게 정중히 인사하고 나서 고객의 마음을 재빠르게 읽는다. 상대방이 부담을 느끼지 않고 가볍게 받아들이는 눈치면, 이어서 간단한 질문을 곁들인 뒤 가능한 한 빨리 자리를 떠나야 한다.

상대가 호감을 보인다고 해서 길게 시간을 끌다 보면, 이쪽을 경계하거나 부담스러워하게 될 가능성이 많다. 이렇게 부담을 갖기 시작하면, 아무리 자주 방문한다 해도 목적을 달성하기 어렵다.

D보험회사의 K과장은 이 방면에서 베테랑으로 이름이 나 있는 인물이다. 그는 고객을 처음 방문했을 때에 만족할 만한 성과를 얻지 못했다 해도, 다음 방문에 대한 여지를 항상 남겨 놓는 인사말을 잊지 않는다.

"또 찾아뵙겠습니다. 초면에 대단히 실례가 많았습니다."

그런 다음에 재차 방문하여 본격적인 세일즈에 들어간다. 그렇다고 처음 방문 때와 달리 노골적으로 접근하지는 않는다. 마지막 순간까지 고객에게 부담을 주어서는 안 된다는 것이 그의 지론이다.

만족할 만한 결과를 얻지 못했을 때는 다시 한 걸음 뒤로 물러나서 시작하는데, 어떤 때는 기껏해야 초보 방문 단계에 머물러 있어야 할 때도 있다. 그러나 K과장은 결코 초조하게 생각하지 않고 끈질기게 접근한다. 더욱이 자기가 팔고자 하는 상품이 생명보험이기 때문에 고객이 섣불리 결심할 수 없다는 것을 잘 알고 있는 그는 방문을 계속하면서도 결코 강요하지 않는다.

결과적으로 K과장의 이러한 방법은 매우 효과가 높아, 그가 다시 방문하게 되면 사람들은 친구나 동료처럼 친근감을 느끼게 되고, 그가 권유하는 대로 보험 상품을 선택한다고 한다. K과장의 비결은 결코 고객에게 부담을 주지 않는다는 평범한 것이었다.

고객의 마음을 사로잡기 위해서는 의욕만을 앞세워 밀어붙이는 것이 아니라, 먼저 친근한 분위기를 조성해야 한다. 어떠한 경우라도 고객에게 부담을 주는 행위는 금물이다. 훌륭한 영업 사원으로 성공하기 위해서는 적극적으로 나설 때와 한 발 물러설 때를 잘 판단할 수 있어야 한다.

대화법 ★ 고객의 거절에 대처하는 방법 〈1〉

1. 고객이 처음에 거절하더라도 포기하지 말고 계속해서 이야기를 진행한다. 끈질기게 설득하다 보면 마침내는 동의하게 된다.
2. 거절하는 고객의 심리를 읽는다. 무관심과 불신에서 오는 거절인지, 아니면 제품에 문제가 있는지, 혹은 금전적인 부담 때문인지를 재빠르게 파악하여 대처한다.

CHAPTER 4
성공적인 세일즈를 위한 대화법

실패를 두려워하지 않아야 한다

"실패는 성공의 어머니다."

누구나 다 알고 있는 진부한 격언이지만 이 말은 영업 사원들의 가슴을 파고드는, 영업 사원들을 위한 진리의 말이다.

인간은 누구나 실패를 경험하면서 살아간다. 실패를 모르고도 성공에 이르는 길이 있다면 좋겠지만, 그것은 거의 불가능하다. 이것은 세일즈에서도 결코 예외가 될 수 없다.

세일즈맨들은 자신들의 실적을 흔히 야구의 타율에 비교하곤 하는데, 실적이 우수한 최상급 세일즈맨이라도 타율이 보통 3할을 넘지 못한다고 한다.

이것은 물건을 파는 일이라면 날고 뛰는 최고의 세일즈맨들도 성공할 때보다는 실패할 때가 더 많다는 뜻이다. 단 한 번의 성공을 위해 수없이 많은 실패를 경험하는 것이다. 따라서 세일즈맨의 성공은 실패하지 않는 것이 아니라, 그것을 어떻게 극복하느냐에 달려 있다.

출판업계에서는 전설이 되어버린 모 출판사의 윤 회장은 자신의 초창기 영업 사원 시절 경험을 직원들에게 곧잘 이야기해 준다고 한다.

윤 회장은 사무실을 돌아다니며 공무원 수험서를 파는 것으로 세일즈에 첫발을 내딛었다. 그런데 그는 막상 회사 문을 나서면 갈 곳이 하나도 없었다고 한다. 너무 떨리고 긴장되어서 도저히 다른 사무실을 방문할 엄두가 나지 않더라는 것이다. 그래서 그는 회사 문을 나서면 서울 시내를 빙빙 돌다가 퇴근 시간이 되면 다시 사무실로 들어가서 퇴근하는 생활을 두 달 넘게 반복했다고 한다. 당연히 그때까지 단 한 건의 실적도 올리지 못했다.

그 시절 윤 회장은 자신이 아무것도 할 수 없는 쓸모없는 사람처럼 여겨져 죽고 싶은 심정이었다고 토로했다. 그때 좌절에 빠져 있던 윤 회장에게 회사 상사였던 영업부장은 실패에 대한 부담감이 지나쳐서 두려움이 앞서는 것이니 편한 마음으로 다시 시작해 보라고 충고했다고 한다. 물건을 팔려고 하지 말고, 일단 사무실에 들어가서 인사라도 하고 나오라는 것이었다. 그리고 영업을 두려워하고 있는 이유를 찬찬히 생각해 보라고 했다.

윤 회장은 일단 영업부장의 충고를 따르기로 마음먹었다. 이후 그는 무작정 다른 회사 사무실에 들어가 상대방이 듣든 말든 서둘러 자기 할 말만 하고 나오기를 한 달 이상 반복했다고 한다. 문 밖에서 얼쩡거리던 때에 비하면 비약적인 발전을 한 셈이다.

그렇게 하기를 두 달여, 마침내 제품 하나를 판매할 수 있었다. 그 후 자신감이 생긴 그는 타의 추종을 불허할 정도로 뛰어난 세일즈 능력을 발휘하였고, 결국 국내 굴지의 출판사를 세우게 되었다.

윤 회장은 자신이 성공할 수 있었던 것은 계속되는 실패에도 굴하지 않고 실패의 원인을 분석하고 그 실패를 거울삼아 극복하려고 노력했기 때문이라고 말한다.

그런데 실제로 어떠한 일에 실패한 사람에게 용기를 주고 다시 일어설 수 있도록 격려하는 일이 쉽지만은 않다. 만약 어떠한 일에 실패한 사람에게 이미 지난 일이니까 다 잊으라고 한다면, 그는 당신의 진심은 알지 못한 채 화를 낼지도 모른다.

정신분석학자 프로이트는 이처럼 신경성 강박증에 시달리

는 환자를 위한 치료법으로 '자유연상법'을 고안했다. '자유연상법'이란, 실연당한 사람에게 상대방의 이미지를 떠올리게 한 다음 점차적으로 이미지에 변화를 주면서 연상하게 하면 나중에는 처음의 원인적 이미지와는 다른 이미지가 생겨나 고통으로부터 벗어날 수 있다는 원리이다.

마찬가지로 세일즈맨들이 실패의 그늘에서 벗어나지 못하고 고통 받는 것은 실패의 원인이 된 이미지를 버리지 못하고 있기 때문인데, 이때 프로이트의 '자유연상법'을 응용하면 이들의 고통을 치유할 수 있다.

'자유연상법'은 결국 언어에 의해 이루어진다. 그러므로 실패의 관념에서 허덕이고 있는 세일즈맨들은 우선 자신의 관념을 구체적인 언어로 연상시키는 것이 중요하다. 언어화된 관념을 다시 확대하고 언어에 의해 이미지를 연결하면 새로운 희망의 의지가 싹트게 된다.

처음 세일즈를 시작할 때는 누구든지 어느 정도 공포감을 갖게 마련이다. 대단한 곳이든 그렇지 않은 곳이든, 영업 사원의 입장에서 두렵기는 마찬가지다.

따라서 이러한 공포를 해소하지 못하면 계속해서 실패를 맛보게 되고 절망에 빠져, 다시 일어설 수 있는 의욕을 상실하고 만다. 그리고 이런 실패에 대한 이미지가 계속 뇌리에 남아 활동 능력을 저하시키고 의욕을 꺾어놓는다.

이런 경우, 프로이트의 '자유연상법'을 이용하여 공포의 이미지를 벗어날 수 있도록 노력해 보는 것이 좋다. 처음에 고객에게서 상품의 질이 나쁘다는 평을 받았다면, 그것은 상대방의 이해 부족이거나 편견 때문이라고 단정 짓는다. 자기 편할 대로 생각하는 것이다. 다음에는 고객의 말을 언어화하여 외부로 표현한다. 기억의 심층부에 자리 잡고 있는 불쾌한 감정을 남김없이 털어버리는 것이다.

그런 다음, 모든 일을 자신에게 유리한 이미지로 떠올린다. 그 이미지를 언어로 표현하면 새로운 연상에 의해 새로운 의욕이 생기게 된다. 세일즈맨에게는 연상 이미지가 의욕적이면 그것으로 충분하다. 부딪쳐 보겠다는 자신감이 생기기 때문이다.

인간의 마음속에는 언제나 상반된 두 가지 인식이 싹트게 된다. 의식과 무의식이 바로 그것인데, 의식은 실패의 원인을 바꾸지 않으려고 하는 반면, 무의식은 의식을 흡수하여 새로운 이미지로 바꿀 것을 강요한다.

그러므로 실패의 이미지를 새롭게 바꾸기 위해서는 먼저 실패의 요인을 분석하고 극복하려는 노력이 필요하다. 그렇게 해서 실패를 성공의 디딤돌로 삼는다면 당신은 반드시 세일즈맨으로서 성공할 수 있다.

질문을 통해
고객의 심리를 파악하라!

사회생활을 하다 보면 수많은 세일즈맨들의 방문을 받게 되는데, 대부분의 사람들은 세일즈맨의 이야기에 귀를 기울이기보다는 갖가지 핑계를 대며 그들을 물리치려고 한다.

세일즈맨 가운데서도 고객을 불쾌하게 만드는 사람이 있는 반면, 거절하기가 미안할 정도로 좋은 인상으로 기억되는 사람도 있다. 그들 중 누가 무능한 세일즈맨이고 누가 훌륭한 세일즈맨인지는 굳이 말하지 않아도 알 것이다.

고객의 입장에서 가장 싫은 세일즈맨은 막무가내로 판매를 강요하는 사람이다. 처음 방문했을 때부터 다짜고짜 '이 물건을 사십시오.' 하고 종용한다면 고객이 어떻게 반응하겠는가? 아마 대부분은 흥미를 보이기에 앞서 거부감을 느끼고, 대화하는 것조차 부담스러워할 것이다.

고객의 구매 심리를 자극하려면 먼저 인간적인 관심으로 고객의 마음을 사로잡아야 한다.

미국의 전설적인 세일즈맨인 찰리 코레는 "먼저 고객의 욕망을 자극하라."고 했다. 그는 필요에 의해서보다는 욕망의 부추김 때문에 상품을 구입하게 되는 현대인의 구매 심리를 정확하게 파악하고 있었던 것이다.

세일즈맨에게 중요한 것은 무조건 물건을 사달라고 조르는 막무가내식 영업 태도가 아니라, 먼저 고객의 구매 심리를 정확히 파악하는 일이다.

그렇다면 고객의 심리는 어떻게 하면 파악할 수 있을까? 물론 그 사람의 태도와 말투 등으로도 파악할 수 있지만, 가장 빠르고 정확한 방법은 직접 고객에게 질문하는 것이다.

미국의 사회심리학자 에리히 프롬은 "인간의 마음을 사로잡으려면 인간적인 관심을 가지고 그에게 질문하라."고 말했다. 이것은 질문이 마음의 문을 여는 첫 번째 관문이라는 것을 주지시키는 말이다. 이러한 프롬의 지적은 프로 세일즈맨들에게 많은 교훈을 주고 있다.

케네디 대통령 시절 국방장관을 지낸 맥나마라는, 케네디 대통령 이후 최고의 매니지먼트라는 찬사를 받은 실업가이자 정치가이다. 그는 인간에 대한 관심은 물론, 사물에 대한 호기심과 더불어 사물을 관찰하는 직관력이 뛰어났다. 그는 '왜?'라는 질문을 항상 입에 달고 다녔으며, 자신의 의견이 좋지 않다는 평을 받으면 '왜?'라고 질문했다. 그가 매니지먼트계에서 대성공을 거두게 된 것은 바로 이러한 태도 때문이었다.

인간은 때때로 자신도 이유를 알지 못한 채 어떤 행동을 하기도 한다. 사람들이 세일즈맨을 만났을 때 그가 소개하려고 하는 제품에 대해 전혀 알지도 못하면서 막연한 거부감을 앞세워 그들을 물리치려고만 하는 것도 그런 행동 중 하나이다. 이런 때일수록 질문이 필요하다.

질문이란 꼭 상품에 관한 것이 아니라도 좋다. 상대방의 거부감을 희석시킬 수 있거나 잠시라도 억제시킬 수 있다면, 어떤 질문이라도 상관없다. 신뢰를 줄 수 있는 대화로 이끈다면 더할 나위 없이 좋을 것이다.

가령, 고객의 복장이 스포티sporty하면 "선생님은 운동을 좋아하시나 봐요?"라고 건네어 본다. 다행히 그 사람이 스포츠를 좋아한다고 하면 자연스럽게 "어떤 스포츠를 좋아하세요?"라고 물어볼 수 있다. 또 얼굴 혈색이 좋고 건강해 보이면 "무척 건강해 보이시는데 비결이 뭡니까?"라고 말해 본다.

이렇게 자연스럽게 분위기를 유도하여 마음을 연 다음 본격적으로 영업으로 들어간다면, 어떤 고객이라도 예의를 가지고 영업 사원을 대할 것이다.

상대를 설득하는 능력은 반복적인 질문을 통해 길러지는 것이다. 그저 몇 마디 물어보고서 상대방이 어떤 사람인지 알아내기는 어렵다. 이것저것 계속 물어보면서 상대방이 진정으로 원하는 것이 무엇인지를 알아낸 다음, 거기에 맞춰 세일즈를 전개해 나가야 좋은 성과를 거둘 수 있다.

대화법 ★ 고객의 거절에 대처하는 방법 〈2〉

상대에게 자신의 인상을 강렬하게 심어줄 수 있는 특별한 습관을 만든다. 남과는 다른 독특한 이미지를 각인시키는 것이 무엇보다 중요하다. 물론 긍정적인 이미지라야 한다.

새롭다는 사실을 강조하라!

새롭다는 것을 인식시키는 것은 상품의 선전에서 가장 중
요한 이미지 메이킹 중의 하나이다. 비록 기존에 있던 모델이라
하더라도 새로 업그레이드되었다는 것을 강조하고, 같은 종류
라 하더라도 새로운 기능이 추가되었다는 것을 부각시키면 소
비자의 관심을 끌 수 있다. 이것은 다양한 상품들이 끊임없이
쏟아져 나오는 이 시대의 기본적인 광고 전략이라 할 수 있다.

아이스크림 업계를 예로 들어보자. 우리나라 굴지의 H그룹
과 D유업, S유업 등이 벌이는 각축전은 치열하다 못해 살벌한
지경이다. 가령 H그룹이 아이스크림에 땅콩을 넣어 땅콩바를

만들면, 나머지 경쟁 회사들은 이름만 다를 뿐 똑같은 상품들을 만들어 내기 시작한다. 어떤 통계를 보면, 같은 원료로 생산되는 아이스크림이 무려 40여 종에 달한다고 한다.

각 회사들은 제품을 선전할 때, 무엇보다 기존의 것과는 다르다거나 새로운 것이라는 신선함을 부각시키는 데 중점을 둔다. 늘 새로운 것을 원하는 소비자들의 호기심을 자극하면 구매로 이어지기가 쉽기 때문이다. 새로운 맛에 대한 관심이 사라질 때쯤이면 또 다른 신상품을 선전하고 홍보하게 되므로, 소비자들은 언제나 신선하다는 이미지에 마음을 빼앗기는 잠재적 단골이 되는 것이다.

광고에서 새롭고 신선하다는 인상은 판매고와 바로 직결된다. 반면, 이미지 메이킹에 실패한 상품을 보면 대부분 질적인 우수성만을 고집한 경우가 많다. 고객의 입장에서는 상품을 구입해서 써보지 않고서는 상품의 질을 알 수 없다. 따라서 고객의 구매 심리를 자극하는 데는 물건의 품질을 강조하는 것보다 상품의 기호와 이미지를 강조하는 것이 유리하다. 현대의 상품 전쟁은 구매자의 감각과 지각을 얼마나 효과적으로 자극하느냐에 달려 있다고 해도 과언이 아니다.

현대의 소비자들은 구태의연한 것에는 금방 식상하고 만다. 고객의 구매 욕구를 떨어뜨리는 가장 큰 요인은 똑같은 맛,

똑같은 포장이다.

이런 점에서 K전자회사가 만든 텔레비전은 광고 전략부터 색다르다. 텔레비전의 생명이 튜너가 아닌데도 광고에서 튜너가 마치 텔레비전 부품 중 가장 중요한 것처럼 선전하면서, 순금 튜너를 사용했다는 점을 강조한다. 전문가의 말을 빌리면 비단 순금이 아니더라도 튜너의 효과와 수명은 비슷하다고 한다. 그렇지만 소비자들은 그 텔레비전에 관심을 가지게 된다. 지금껏 다른 금속으로 사용하던 것을 순금으로 바꾸었다는 사실만으로도 소비자들의 구매 충동을 일으키는 것이다.

회사의 제품을 소비자들에게 직접 판매하는 세일즈맨들의 영업 전략도 마찬가지다. 제품의 질을 내세우는 것도 중요하지만, 이보다 앞서 새롭다는 이미지를 먼저 강조해야 한다.

그렇다면 기업의 마케팅 전략을 세일즈맨들의 대화 기술에 적용해 보자.

"이번에 새로 나온 상품은 이런 기능이 하나 더 추가되었습니다."

"우리 회사에서 새로 개발한 기술로 완성한 제품입니다."

이런 말만으로도 고객은 충분히 호기심을 가질 것이다. 새로운 것은 언제나 소비자의 심리를 자극하기 때문이다.

세일즈맨들은 항상 새로운 인상으로 고객의 관심을 집중시킬 수 있어야 한다. 새로운 기술이나 상품에 대한 선전은 어떤 측면에서는 고객에게 새로운 정보를 제공하는 것이기도 하다. 상품에 관심을 갖기 이전에 새로운 정보를 얻을 수 있다면 싫어할 사람이 어디 있겠는가?

지금은 뛰어난 기술력보다도 새롭다는 이미지나 발상으로 더 잘 팔 수 있는 시대다. 소비자에게 얼마나 좋은 제품인가를 설명하기에 앞서, 얼마나 새롭고 독창적인가를 강조하라. 그렇게 한다면 자신의 실적은 물론 회사의 이미지 향상에도 엄청난 플러스 효과를 가져올 것이다.

대화법 ★ 고객의 거절에 대처하는 방법 〈3〉

전달하고자 하는 말 속에 시각적인 요소가 많으면 많을수록 강렬한 메시지를 남길 수 있다. 시각적인 표현을 많이 써야 더 선명하게 기억할 수 있기 때문이다.

상대에게 상품의
효용가치를 이해시켜라!

자신에게 꼭 필요한 물건을 외면하는 사람은 없다. 필요하다는 것은 곧 효용가치가 있다는 뜻인데, 가치 있는 것을 누가 마다하겠는가?

상품을 사기 전에 가장 먼저 생각하는 것이 바로 '이것을 어디에 쓰는가?', 혹은 '얼마나 생활에 유용한가?'이다. 그러므로 어떤 상품이라도 고객에게 꼭 필요하다는 효용가치를 인식시키면 그 상품에 대해 관심을 갖게 마련이다.

보통 세일즈 업계에서는 이 필요성을 니드need라고 하는데, 고객의 잠재적 니드 심리를 발견하여 구매로 이끄는 것이 세일즈맨의 능력이다.

인간은 이해 타산적이기 때문에, 자신에게 필요 없다고 생각되면 거들떠보지도 않는다. 그리고 강요에 의해 상품을 사게 될 때는 당연히 불쾌한 기분이 들게 마련이다. 이런 인간의 심리를 파악하지 못하는 세일즈맨은 결코 크게 성공할 수 없다.

자기가 팔고 있는 상품이 어떤 효용가치를 지니고 있는지, 그것이 고객에게 어떠한 도움을 주는지를 세일즈맨은 전문가의 입장에서 고객에게 설명하고 심리적으로 필요하다는 느낌을 주어야 한다.

필요 심리를 유도하기 위해서는 먼저 지적인 판단력을 자극해야 한다. 사고 싶거나, 혹은 사고 싶지 않은 심정은 감정적인 문제이지만, 효용가치가 있다 없다는 냉철한 이성적 판단에 의해 내려진다. 따라서 이 지적인 판단으로 효용가치에 대한 평가를 내린다는 사실을 잘 이용하면 영업 성과를 크게 높일 수 있을 것이다.

세일즈맨이라면 자신이 팔고 있는 상품에 대해 최소한의 상식은 가지고 있어야 하며, 나아가 효능에 대해 과학적이고 논리적으로 설명할 수 있어야 한다.

더 나아가, 유능한 세일즈맨이라면 단순히 자신이 팔려고 하는 제품에 대한 설명에서 그칠 것이 아니라 지적인 판단을 유도할 수 있어야 한다. 또한 고객에게 효용가치를 인식시키기 위해 필요한 모든 논리적 근거와 설명을 동원할 수 있어야 한다.

등산에 전혀 취미가 없는 사람에게 등산화를 팔기란 결코 쉬운 일이 아니다. 여행할 의사가 없는 사람에게 비행기 티켓을 팔 수도 없다. 불가능한 고객을 대상으로 해서 무리하게 세일즈를 성공시키려 하는 것은 매우 어리석은 일이다.

하지만 전지전능한 세일즈맨이라면 단 1퍼센트의 가능성도 놓쳐서는 안 된다. 등산에 취미가 없는 사람에게 등산의 필요성을 역설해서 등산화를 팔 수 있어야 한다. 또 여행을 즐길 줄 모르는 사람에게는 여행의 좋은 점을 이야기해 주고 항공 티켓을 팔 수 있어야 한다. 세일즈맨은 적어도 현장에서 벌어지는 온갖 상황에 대처할 수 있는 유연성과 기민함이 있어야 하는 것이다.

고객의 입장에서 이 상품이 과연 상대방에게 필요한 것인가를 다시 한 번 고려해 보라. 상품의 효용가치를 인정할 수 있는 상대로 판단되면, 그때부터 적극적으로 공략해도 늦지 않다. 효용가치를 인식시키는 일은 불가능을 가능으로 전환시키는 원동력이 된다.

호소는 최고의 전략이 될 수 있다

"선생님만 믿겠습니다."

이 말은 저자세 세일즈 화법이라 하여, 많은 영업 사원들이 사용하지 않고 있다. 하지만 때에 따라서는 이러한 말도 효과를 거둘 수 있다.

호소나 읍소는 상대방에게 전적으로 신뢰를 부여하며 처분 대로 하겠다는 소극적 동의의 자세로, 이런 말을 들은 고객들이 우월한 기분에 사로잡히는 것을 이용하여 구매를 유도하는 것이다.

그러나 이 방법은 잘못 적용하면 독약과도 같은 패착을 초래할 수도 있다. 부담을 준다고 생각하며 불쾌해할 수도 있고, 자칫 상투적인 말로 받아들일 수도 있다. 또 잘못하다간 업신여김을 당할 수 있으므로, 자신이 없고 확신이 없을 때는 되도록 사용하지 않는 것이 좋다.

그러나 우리 사회는 아직도 의리를 중심으로 한 인간관계가 지배적이어서, 일단 "당신만 믿겠습니다."라고 말하면 인간적인 감정과 우월감을 자극하여 한편으론 싫어도 거절을 못 하는 경우가 많다.

특히, 호소는 다음과 같은 경우에 효력을 발휘한다.

첫째, 고객이 세일즈맨과 인간적인 유대를 형성하여 안면이 있다거나 이해관계가 개입되었을 경우

둘째, 정이 많거나 의협심이 강한 사람일 경우

셋째, 상대가 사회적 지위가 높거나 권위적인 성격이 강한 사람일 경우

첫 번째는 주변 사람의 소개로 찾아갔거나 혹은 자신이 도움을 준 적이 있는 경우에 효과가 있으며, 두 번째는 감정이 풍부하고 인정이 많아서 부탁을 받으면 절대 거절을 못 하는 사람에게 효과적이다. 마지막으로, 지위가 높거나 권위의식이 강한 사람은 호소가 가장 잘 통하는 타입으로, "선생님께서 모른 척하시면 어떡합니까? 선생님 말고는 믿을 사람이 없습니다." 하

고 몇 마디 추켜세워 주면 절대로 거절하지 못할 것이다.

이 호소에 대해 세일즈 계통에서 잔뼈가 굵은 유 모 씨는 다음과 같이 말한다.

"세일즈맨이 자기가 해야 할 설명을 다하고 이제 조금만 더 밀고 나가면 되겠는데 상대가 주저하거나 망설일 때, 최후의 방법으로 이 호소를 사용하면 성공을 거두는 경우가 많다. 그러나 이와 같은 방법은 결코 남용해서는 안 된다. 상대에 따라 주어진 여건을 고려하여 적절히 사용해야 한다."

유씨의 말대로라면 호소는 특별한 상황에만 유효할 수 있다. 꼭 이 방법밖에 없다고 판단될 때에 한해서 사용하라는 말이다.

고객에게 당당하게 상품을 판매할 수 있다면 그 이상 더 무엇을 바라겠는가? 하지만 세일즈는 그렇게 만만한 것이 아니다. 세일즈맨에게 그림자처럼 붙어 다니는 역량의 저울추는 그들에게 행동력 이상으로 강한 호소력을 요구한다. 호소력이 없는 설득이 주효할 수 없듯이, 호소력 없는 세일즈도 결코 성공할 수 없다.

능력 있는 영업 사원이 되기 위해서는 기본적으로 호소력을 신장시킬 수 있는 화술을 구사할 수 있어야 한다.

대화법 ★ 고객의 거절에 대처하는 방법 〈4〉

우선 고객의 말에 동의한다. 고객에게 동의한다고 해서 고객의 의도에 전적으로 끌려가는 것은 아니다. 일단 상대방의 의견에 동의해 줌으로써 결과적으로 상대방을 설득할 수 있는 것이다.

거절은 일단 받아들이고
시작하라!

진정 유능한 세일즈맨은 불가능한 상황 속에서도 고객의 무관심을 관심으로 돌릴 수 있는 능력을 가져야 한다.

세일즈맨은 적도의 아프리카인에게도 온풍기를 팔 수 있을 만한 언변과 센스, 용기를 갖추어야 한다는 말도 있다. 열대 기후에서 사는 아프리카 사람들에게 온풍기는 아무런 쓸모도 없는 상품이다. 그러나 진정 유능한 세일즈맨이라면 그런 사람들에게도 온풍기를 팔 수 있어야 한다는 것이다.

광고업계에서 능력을 인정받고 있는 광고 기획자 이 모 씨는 자신의 세일즈 비결을 이렇게 설명한다.

"내가 상세하게 설명해도 고객은 고개를 끄덕이지 않는다. 물론 그는 나의 명성을 잘 알고 있기 때문에, 정말 특별한 작품이 아닌 경우에는 관심을 표명하지 않는 것이 최선의 자기방어라고 생각하고 있을 것이다. 나는 그의 그런 심리를 이용하기로 작정했다. 그래서 그가 안 듣는 척해도 계속 말한다. 이야기를 하는 도중에 그가 '지금 어디까지 이야기했던가요?' 하고 말하며 딴청을 피우더라도 불평하지 않고 끈질기게 설명한다. 그러면 끝내 그는 내 말에 동의하고 만다."

이 모 씨의 비결은, 거절하려고 작정한 상대를 끈질기게 공략하여 끝내는 설득하고야 만다는 평범한 것이다.

거절을 위한 거절을 준비한 상대를 만나게 되면 누구나 당황하게 마련이다. 상대는 이치에 맞지 않는 반론을 제기하기도 하고, 애초의 요구와는 거리가 먼 이유를 들먹이며 거절하려고 한다.

하지만 거절당하는 것은 세일즈맨의 숙명이다. 이런 경우에는 '영업은 거절당한 순간부터 시작'이라는 세일즈의 법칙을 기억해야 한다. 만약 거절당하는 게 싫다면 그런 사람은 당장 세일즈를 그만두어야 할 것이다. 어떠한 경우라도 담대하고 자신 있게 고객의 거절을 받아들여야 한다. 거절을 가볍게 돌파하지 못하면 세일즈 자체가 불가능하다.

그리고 고객의 거절에 구애받지 않고 다음 이야기를 진행시켜야 한다. 끈질기게 설득하다 보면 열이면 열 모두가 마침내 동의하게 될 것이다.

또 다른 거절 공략법은, 거절하는 상대방의 심리를 파악하여 대응하는 것이다. 무관심과 불신에서 오는 거절이라면 일단 "예, 그럴 수도 있겠군요." 하고 동의해 주면서, 계속 대화를 할 수 있는 분위기를 조성해야 한다.

그 다음으로, 실제로 물건의 질이 떨어진다거나 금전적으로 구매할 능력이 없다고 이유를 밝힐 때는, 제품의 좋은 점을 부각시켜 다시 설명하거나 금전적인 부담을 덜 수 있는 방법을 제시해야 한다.

사람들은 보통 세일즈맨을 만나면 습관적으로 거절하게 된다. 어느 누가 세일즈맨을 반기면서 상품을 구입하겠는가?

거절하더라도 "아, 그렇습니까?" 정도로 가볍게 응수한 뒤, 거기에 구애받지 말고 계속 이야기를 진행해 나간다. 분위기를 자신의 페이스로 이끌어야 하는 것이다.

유능한 세일즈맨은 상황 변화에 대해 기민하게 판단하고 유연하게 대처한다. 상황에 맞는 말을 함으로써 분위기를 자기 쪽으로 이끌어 가면서 고객의 마음을 읽는다. 정말 상품을 살 의사가 없는 것인지, 아니면 사고 싶은데 돈이 없는 것인지, 혹은 살까 말까 망설이고 있는지 등 고객의 의중을 재빠르게 파악하여 그에 맞게 대처해 나간다.

정말로 고객이 금전적인 여유가 없을 경우엔, 그 사람의 입장을 이해해 주고 더 이상의 부담을 주지 않는 편이 좋다.

그러나 습관적인 단순한 거절이라면, "선생님 같은 분이 여유가 없으시다니요? 여유는 생각하기에 달린 문제일 수도 있지 않을까요?" 하면서 가볍게 받아넘기고, 계속 자신의 페이스를 유지해야 한다.

이렇듯 유능한 세일즈맨이 되려면 순간순간의 상황에 대처할 수 있는 순발력을 길러야 한다.

세일즈맨 B씨가 있다. 그는 남들보다 항상 뒤떨어져 있는 자신의 실적 때문에 고민에 빠졌다. 그는 자신의 세일즈 태도를 곰곰이 되새겨 보며, 부진한 원인을 생각해 보았다.

그는 고객이 거절할 경우 항상 '왜 그러십니까?'라고 묻곤했다. 그는 이 점에 문제가 있다는 것을 깨닫고는 '네, 좋습니다. 그러나…….'로 바꾸었다.

그 후 그는 마침내 최고의 세일즈맨이 될 수 있었는데, 성공할 수 있었던 원동력은 말 한마디를 바꾼 것이었다. 결과적으로 한마디의 말이 엄청난 변화를 가져다준 것이다.

이처럼 우선 상대방의 의견에 수긍해 주는 것은 무엇보다 중요하다. 그러면 상대방은 심적 부담을 덜 뿐 아니라, 다음에 이어질 말에 관심을 기울이게 된다. 이때를 놓치지 않고 다시 상품을 소개하면 된다.

자기만의 독특한
언어 상표를 만들어라!

다른 사람에게 자신의 인상을 강하게 남기는 데는 여러 방법이 있다. 신체적으로 키가 크다든가 혹은 작다든가, 뚱뚱하다거나 아니면 말랐다거나, 이런 모든 것들이 상대방이 자신을 기억하게 하는 요인이 된다. 이러한 신체적인 특징뿐 아니라 성격도 자신을 상대방에게 각인시키는 데 중요하게 작용한다.

그중에서도 말할 때의 습관은 아주 특별한 요인으로 상대방의 기억 속에 남게 된다. 말버릇이란 마음속 깊은 곳에서부터 나오는 무의식의 언어이다. 버릇이라는 어감은 나쁜 습관을 지적하는 것 같지만, 좋다 나쁘다 이전에 상대방에게 나를 각인시킬 수 있는 특징을 말한다.

여기에서 특징적인 말버릇을 세일즈맨의 개인 상표라고 하는 이유는, 상대방이 버릇처럼 쓰는 말을 들을 때마다 그 사람에 대한 이미지나 기억이 되살아나기 때문이다. 자기 자신도 모르게 내뱉는 특징적인 말버릇으로 많은 사람들이 자신을 기억하기 때문에, 말버릇은 자기의 인상을 상대방에게 구체화시키고 형상화시키는 데 있어서 아주 큰 역할을 한다.

흔히 사람들은 "아휴, 피곤해." "정말 미치겠어." 등의 말을 습관적으로 사용한다. 이런 말들은 모두 자신의 심층심리에서 나오는 것으로, 언어심리학에서는 이것을 심층언어라고 부른다. 언어학자 소쉬르에 의하면 심층심리에서 나온 이런 말들을 자주 사용하다 보면, 자기도 모르는 사이에 실제로 그런 사람이 되는 경향이 있다고 한다. 이것은 사람의 말버릇만으로 그 사람의 성격을 판단할 수 있다는 사실을 뒷받침해 준다.

필자는 '아니라고 본다.'라는 말을 들을 때마다 아는 후배가 떠오른다. 그 후배가 그 말을 습관적으로 쓰기 때문에, 그 말을 들으면 그의 모습과 말할 때의 표정까지도 생생하게 떠오르는 것이다. 필자뿐 아니라 그를 아는 다른 사람들도 그 말을 들으면 자연스럽게 그의 얼굴이 연상된다고 하는데, 어느새 그 말버릇이 후배의 상표가 되어버렸다.

좀 더 많은 사람들에게 강한 인상을 심어주려면 파격적인 말버릇이 필요할 것이다. 보통 기업의 광고 문구나 캐치프레이즈는 이러한 원리를 이용해서 만들게 된다. 한때 유행했던 '사랑은 움직이는 거야.'라는 말은 모 통신회사의 광고 카피인데, 광고가 히트를 치는 바람에 그 회사의 트레이드마크보다 훨씬 더 유명해졌다.

하지만 말버릇이라는 상표가 사람들에게 천박한 이미지나 불쾌한 인상을 심어주어서는 안 된다. 저급한 말버릇은 자신은 물론 자신이 선전하는 상품의 이미지까지도 저급하다는 인상을 심어주게 된다.

진지하면서도 재미있고, 또 한편으로는 재치 있는 자기만의 개성 있는 말버릇이라면 자신을 팔 수 있는 상표로서 손색이 없다. 그리고 무의식적으로 사용하는 말이 아니라 하더라도 재미있는 말을 의식적으로 자주 되풀이하다 보면 상대방은 그 말버릇을 기억하게 되고, 자신의 이미지까지도 그 말버릇으로 미루어 생각하게 된다.

심층언어야말로 심층심리의 표현이고, 자기만의 독특한 상표가 될 수 있다. 세일즈맨이라면 심층언어의 효과를 활용하여 상대에게 자신의 인상을 강렬하게 심어줄 수 있는 특별한 언어 습관을 만들어 보는 것도 매우 의미 있는 일이 될 것이다.

열정적인 표현으로
상대를 압도하라!

　『허생전』에 나오는 허생의 일화는 신화 속의 전설처럼 우리에게 경이로움으로 전해진다. 그는 일면식도 없는 장안의 최고 갑부를 찾아가, 신념으로 무장한 정열적인 화술로 설득하여 1만 냥이라는 거금을 빌려, 그 돈을 밑천으로 큰 성공을 거두게 된다.

　불꽃처럼 타오르는 정열은 상대의 불안과 불신을 일거에 불식시켜 주는 강한 힘을 발휘하기 때문에, 열정에 불타오르는 사람을 대하면 누구라도 그의 말에 수긍하게 된다.

　헨리 포드는 세계적으로 유명한 자동차 사업가다. 그는 비범한 사람이었지만, 40대가 될 때까지는 큰 성공을 거두지 못했다. 그가 포드라는 대제국을 건설한 후 V-8 엔진을 개발할 때의 유명한 일화가 있다.

포드는 어느 날 다짜고짜 직원들에게 '엔진이 필요하니 속히 개발하라.'고 지시했다. 그러자 엔지니어들은 하나같이 난색을 표명했다. 심지어 정규 교육을 제대로 받지 못한 포드의 어리석음을 탓하기까지 했다. 엔지니어들은 자신의 사장이 무식해서 경제적인 채산성이나 엔진의 원리를 이해하지 못한다고 생각했던 것이다.

그들은 포드에게 V-8 엔진 개발이 불가능한 이유를 수학적, 물리학적, 또 경제학적으로 조목조목 설명했다. 그리고 엔진 개발 프로젝트를 중지할 것을 요청했다. 그러나 포드의 결심은 흔들리지 않았다. 그의 마음속엔 불가능이란 존재하지 않았던 것이다.

포드는 직원들에게 말했다.

"여러분! 여러분의 고충은 잘 알지만, 우리에게는 V-8 엔진이 반드시 있어야 합니다. 여러분들은 현재의 상황을 잘 이해하지 못하고 있는 것 같은데, 엔진은 거의 완성 단계에 있습니다. 여러분들이 조금만 더 연구에 박차를 가해 준다면 V-8 엔진을 연내에 개발할 수 있습니다."

포드의 말대로 엔진은 몇 개월 후 개발되었고, 포드사라는 세계 굴지의 자동차 왕국이 건설되었다. 포드의 열정이 불가능해 보이는 일을 가능하게 만든 것이다.

위의 사례는 열정이야말로 성공의 가장 큰 비결이며, 설득을 필요로 하는 사람에게는 믿음직한 신뢰의 바탕이 된다는 사실을 입증하는 실화이다. 과연 내가 열정적으로 하루하루를 살고 있는가를 스스로 반문해 보라.

세일즈는 프로들의 세계이다. 이러한 점을 자각하고 자신을 냉철하게 되돌아보면서 한 걸음씩 정진해 나가야 한다. 무엇이든 한 가지 일에 열중해 보라. 열정만 있다면 이루지 못할 일이란 없다. 목표를 가지고 항상 도전하는 자세가 필요하다.

세일즈는 곧 자신의 열정을 파는 것이라고 해도 과언이 아니다. 정열적인 화술로 단단히 무장하고 상대방을 설득하라. 그러면 당신도 반드시 성공할 수 있다.

시각적인 언어로
상대를 공략하라!

전달하고자 하는 말 속에 시각적인 요소가 많으면 많을수록 강렬한 메시지를 남길 수 있다. 그것은 언어의 시각화가 잘 이루어지면 상대가 쉽게 이해할 수 있을 뿐 아니라, 선명한 이미지로 기억되기 때문이다.

언어의 시각화는 동작과 언어가 조화롭게 일치했을 때 더욱 효과적이다. 말과 조화되지 않는 과장된 동작이 앞선다면, 언어의 시각화를 잘못 이해하고 있는 것이다. 그러므로 세일즈맨은 자신의 말을 들었을 때 상대의 머릿속에 움직이는 영상이 그려지는 시각적 언어를 쓸 줄 알아야 한다.

카네기가 세일즈맨으로 일할 당시 그는 자주 지방으로 영업을 다녀야 했다. 그가 사우스다코타 주의 레드힐이라는 지역에 갔을 때의 일이다. 기차역에서 기차를 기다리다 무료해진 그는 역 구내를 빙빙 돌면서, 『햄릿』에 나오는 한 구절을 몸짓을 섞어가며 혼자 읊조리고 있었다.

"아! 저기 단검이…… 저기 보이는 것은 칼…… 칼자루가 이쪽을 향해서…… 자, 빼앗아 쥐자, 쥐어지지 않는구나."

그런데 잠시 후 경찰이 달려오더니 다짜고짜 "당신은 왜 가만히 있는 여성을 협박하는 거요?" 하며 카네기를 붙잡아 가려고 했다. 영문을 몰라 하던 카네기가 자세한 내막을 묻자, 역 바로 앞에 있는 집에서 창문을 내다보고 있던 한 아가씨가 카네기의 행동을 보고 경찰에 신고했다는 것이다.

이 일화는 말이 주는 의미가 시각적 요소에 의해 좌우될 수 있다는 것을 잘 시사해 준다.

에드워드 허바드는 "스피치에서 사람의 마음을 끄는 것은 말이 아니라 태도이다."라고 하면서, 언어에 시각적 요소를 더하는 노력을 하라고 촉구한다.

레코드 가게에서 판을 고르는 손님에게 적당한 것을 권유할 때, "이걸 보시죠. 교향곡 전집으로 새로 나온 판입니다."라고 소개한다면 평범한 소개에 지나지 않을 것이다. 하지만 시각적 언어를 가미해 "이 교향곡 전집은 봄여름 할 것 없이 사시사철의 분위기가 고루 들어 있어요. 그래서 때에 따라 들을 수 있는 장점이 있죠."라고 한다면 손님의 머릿속에는 사계절의 다양한 모습이 그려지게 되어, 청각과 함께 시각적 흥미를 유발하게 된다.

신체적으로도 눈과 뇌를 연결하는 신경이 귀와 뇌를 연결하는 신경보다 훨씬 예민하다고 한다. '백 번 듣는 것보다 한 번 보는 것이 낫다.'는 속담에서도 알 수 있듯이, 언어의 전달에서 시각적 요소는 더 이상 설명이 필요 없을 정도로 중요한 위치를 차지한다.

존 패터슨은 그의 회사 판매원들에게 "생각하고 있는 것을 이해시키거나 주의를 끌 때, 말에만 의지해서는 안 된다. 필요하다면 고객에게 그림을 보여주라."고 말한다.

물론 모든 경우에 그림을 보여줄 수는 없겠지만, 이 말 또한 시각적 동작, 시각적 언어의 중요성을 강조하는 말이다.

프랭클린 루스벨트나 윈스턴 처칠,
에이브러햄 링컨이 증명하였듯이
진정한 재치는 성공 화술의
보증수표이다.

제임스 흄스(『세계 최고의 화술』 중에서)

CHAPTER

5

위트와 유머로
센스 있는 사람이
되는 방법

위트는 대화의 장벽을
무너뜨린다

위트에는 상대방이 깨닫지 못하는 사이에 상대방을 설득시킬 수 있는 힘이 있다. 재치 있는 설득은 조용하고 부드럽게 상대를 잡아 끈다. 쉽게 화내고 논리적으로 꼬치꼬치 파고드는 상대를 얼마든지 위트 있게 설득할 수 있다.

W. P. 서걸은 "재능은 훌륭한 것이지만, 위트는 모든 것이다. 위트만이 모든 것을 풀어주고, 모든 장애를 제거할 수 있다."고 위트의 가치를 높이 평가했다.

조선을 개국한 태조 이성계는 당대 고승인 무학 대사의 가르침을 받으며, 자신의 웅지를 키울 수 있었다. 어느 날 그는 무학 대사와 장기를 두며 담소를 나누고 있었다.

"대사, 우리 서로를 헐뜯는 농담이나 합시다. 어떻소? 나는 대사가 꼭 돼지같이 보이는데, 웬일이오?"

"저는 전하가 꼭 부처님같이 보입니다."

무학 대사는 점잖게 대꾸했다.

"아니, 대사! 내가 농담을 좀 하자는 것인데, 어째서 아첨을 하는 거요?"

"아닙니다. 저는 사실을 사실대로 말했을 뿐입니다."

그리고 무학 대사는 이렇게 덧붙였다.

"자고로 돼지의 눈에는 돼지밖에 안 보이고, 부처님의 눈에는 항상 부처님밖에 안 보이는 법이지요."

어떤 의사가 자신의 차를 수리하기 위해 서비스 공장에 맡긴 후 찾으러 갔는데, 예상외로 엄청나게 많은 수리 비용이 청구되었다.

기분이 상한 의사는 "단지 두세 시간의 수리비가 이 정도로 비싸다면 의사인 나보다도 더 나은걸." 하고 말했다.

그러자 수리공이 대답했다.

"저는 비싸다고 생각하지 않습니다. 선생님은 늘 똑같은 사람만 다루지만, 저희들은 매년 새로운 종류의 차를 다루어야 하기 때문에 연구를 게을리 할 수가 없습니다."

수리공의 말에 의사는 더 이상 할 말을 잃고 말았다.

만약 수리공이 볼멘소리로 "잔말 말고 돈이나 내십시오."라고 말했다면, 두 사람 다 불쾌한 감정에서 벗어날 수가 없었을 것이다. 수리공의 재치 있는 위트가 장애를 부드럽게 제거한 것이다.

센스 있는 유머로
상대의 불만을 누그러뜨려라!

비폭력 저항으로 유명한 인도의 정신적 지도자 간디가 한때 자기의 마음속에 자리 잡은 불안을 고백하면서, "나에게 유머를 즐길 수 있는 센스가 없었다면 자살하고 말았을 것이다."라고 말한 적이 있다. 그렇게 강인한 정신력으로 식민지 조국 인도의 해방을 위해 투쟁했던 그도 이렇게 유머를 의식적으로 즐겼던 것이다.

그가 말한 대로, 유머는 인생을 즐겁게 만드는 하나의 기폭제이다. 유머가 없는 삶은 무미건조하며 비생산적이다. 유머는 자아의 밖에서 자아를 관조하는 초자아로서, 타성에 젖어 무미

건조한 삶을 이어가는 사람들의 생활에도 긴장감과 신선감을 주는 청량제 역할을 훌륭하게 해낸다.

대화를 할 때도 자연스런 유머와 위트를 적절히 섞어 말하면 불필요한 논쟁을 예방하고, 사람들 사이의 격의를 없애주며, 불만을 갖고 있는 상대방을 부드럽게 감싸는 데 큰 효과를 발휘한다. 특히 의사소통에 문제가 발생해서 서로 화를 내게 되었다거나 대화가 단절되었을 때, 유머는 더욱 빛을 발한다.

만약 어떤 일에 있어서 서로의 의견이 달라 불만이 싹트게 되면, 먼저 웃음으로 난국을 타개하려는 노력을 하라. 대개 사람은 큰일보다 사소한 일에 화를 내기 쉽다. 이렇게 되면 서로 마음이 경직되어 대화를 나누려는 의욕을 상실하게 된다. 대화 의지를 상실한다는 것은 곧 대화의 실패를 말한다. 어떤 경우에도 침묵보다는 소통이 훨씬 발전적이기 때문이다.

유머는 이런 긴박한 순간을 모면하게 하는 힘을 가지고 있다. 아무리 불만에 차 있던 상대라도 유머러스한 분위기에 젖어들면 불쾌한 감정을 잊게 된다.

웃음은 외형적으로 나타나는 하나의 형식이다. 말을 내용이라고 한다면, 유머는 내용을 가꾸어 주는 형식이라 할 수 있다. 형식이 내용의 결점을 보완하고 새롭게 전개시킬 수도 있는 것이다.

영국의 사상가이자 역사가인 토머스 칼라일은 "진실한 유머는 머리로부터 나오는 것이 아니라 마음으로부터 나온다. 말의 노예가 되지 말라. 남과의 언쟁에서 화를 내기 시작하면 그것은 자기를 정당화시키기 위한 언쟁이 되고 만다."라고 지적하며, 언쟁이 일어났을 경우에 유머의 힘을 최대한 활용하라고 말했다.

한글학자인 조윤제 박사는 『한국인의 유머』에서 "한마디의 유머에는 어려운 문제를 손쉽게 해결하고 죽음의 위기를 벗어날 수 있는 힘이 있다."고 했다.

상대방이 욕구 불만의 상태에서 대화를 회피하거나 우호적인 분위기를 깨뜨리려고 한다면, 유머의 힘으로 상대의 불만을 누그러뜨리려는 노력을 해야 한다. 유머는 어떤 불만도 해소시킬 수 있는 힘을 지니고 있기 때문이다.

윌리엄 새커리는 "적절한 유머는 사교 무대에서 입을 수 있는 의상보다 훨씬 멋진 장식이다."라고 말하며, 유머의 중요성을 강조했다.

브루스 바튼도 "인간이란 뭔가 재미있는 이야기를 듣고 한바탕 웃고 나면 관계가 더욱 돈독해진다."고 했다.

이와 같이 유머에는 사람과 사람 사이를 부드럽게 연결해주는 강력한 힘이 숨어 있다.

미소의 힘은
백 마디의 말보다 강하다

"사람은 자기를 좋아하는 사람을 좋아한다."

고대 로마의 풍자시인 시루스의 말이다.

어떤 사람이라도 좌중을 즐겁게 하고 마음을 행복하게 하는 유머의 진원지가 자신이라는 것을 알면 기뻐할 것이다. 그만큼 자기가 매력적이요, 웃음을 창조할 수 있는 원동력이라면 누가 즐겁지 않겠는가.

"저는 당신을 좋아합니다. 당신은 언제나 저에게 웃음을 선사하는 사람이니까요."

이런 말을 듣고 즐거워하지 않을 사람이 있을까?

하버드 대학의 제임스 교수는 "행동에 뒤이어 감정이 따르는 것으로 보이지만, 사실은 그렇지가 않다. 행동과 감정은 동시에 일어난다."고 지적했다.

제임스 교수의 이론대로라면 감정의 변화에 따라 곧 행동이 수반된다고 할 수 있다. 따라서 자기를 보면 즐거워진다는 말을 들으면 자기도 따라 미소 짓게 되는 것이다.

유머를 모르는 사람을 상대할 때라면 이러한 테크닉을 바탕으로 대화 도중 웃음을 유도해 보라.

전문 상담가 김 선생은 얼마 전 회사원인 최 양을 만난 적이 있다. 그녀가 다니는 회사는 광고기획 업체여서 업무가 정신없이 바쁘게 돌아가는 반면에 직원들끼리는 서로 말이 없는 편이라고 한다. 회사 분위기가 딱딱하고 경직돼 있는 것을 늘 아쉽게 생각하던 그녀는 김 선생에게 자문을 얻은 즉시, 그 다음날 사무실에서 호랑이로 불리는 기획실장 박씨를 선택하여 상담 내용을 활용해 보기로 했다.

박씨는 평소 말을 잘 안 할 뿐 아니라, 신경이 몹시 예민해서 부하 직원에게 따뜻한 말 한마디 건넬 줄 모르는, 이른바 목석같은 사나이다. 최 양은 출근 시간에 박 실장과 마주치자 "실장님, 오늘 아침에는 웬일이세요? 얼굴에 생기가 가득하시네요. 뭐, 기분 좋은 일이라도 있으세요?" 하며 인사를 했다. 박 실장은 어리둥절하여 "뭐, 내가?" 하면서 겸연쩍은 표정을 지었다. 그 기회를 놓치지 않고 최 양은 "네, 정말 실장님 얼굴을 보니까 저까지 기분이 좋아지네요."라고 하였다. 실장은 그날 하루 종일 웃는 얼굴이었다고 한다.

사람은 어디에서든지 주목받기를 희망한다. 나쁜 이미지가 아니라면 무슨 일에서든지 남들의 시선을 모으려고 한다.

세일즈 계통에서 베테랑으로 평가받는 민씨는 대인 관계의 비결을, "첫걸음을 미소로 시작하여 최후의 순간까지 미소를 잃지 않는 것"이라고 말한 적이 있다. 상대에게 계속 미소를 보내면 누구든지 즐거이 상담에 응한다고 한다.

우리 속담에 '웃으면 복이 온다.'라는 말이 있다. 스스로 웃을 수 있는 여유가 있으면 상대방도 저절로 따라 웃게 될 것이다. 링컨도 "행복하다고 생각하는 데에 행복한 생활이 있다."고 말했다.

미소는 인간의 감정을 자연스럽게 이완시켜 주기 때문에, 어떤 성격의 소유자를 만나더라도 효과를 거둘 수 있다.

상대의 우월감을 높여주는
유머를 구사하라!

"한국 사람들은 웃음이 적고 무뚝뚝하다."

얼마 전 어떤 외국인이 이렇게 말하는 걸 들은 적이 있다. 그것이 사실이든 아니든, 우리는 웃음이라는 것에 대해 좀 더 깊은 의미를 두고 생활할 필요가 있다.

그런데 웃음을 유발하는 것은 무엇일까?

사람들은 대체로 자신이 남보다 우월하다고 느낄 때 웃는다고 한다.

박종화의 소설 『금삼錦衫의 피』에는 다음과 같은 구절이 나온다.

"재미있어 웃는 웃음소리가 아니라 허파에서 터지는 음울한 웃음소리다. 원수를 갚은 자의 웃음소리……. 끙끙 맺혀진 마음이 탁 풀려지는 웃음소리다."

폭군 연산군은 인두 끝에서 절규하는 신하의 비명을 듣고 웃음을 터뜨렸다. 승리자의 우월감이 웃음으로 폭발되어 나온 것이다.

대체로 모든 사람은 상대보다 우월한 기분에 사로잡힐 때 웃음을 터뜨린다.

심형래는 한국의 대표적인 코미디언이다. 그를 잘 살펴보면 국내 코미디언 중에 그만큼 희극적 요소를 많이 내포하고 있는 인물도 드물다.

어느 날 그는 면접 시험장을 소재로 한 콩트를 가지고 TV에 출연했다.

근엄한 표정을 짓고 앉아 있는 사장 앞에서 면접을 보는 장면이었다. 면접관들의 분위기는 자못 무겁고 심각했으나, 정작 면접을 받으러 온 청년은 멍청한 표정을 짓고 있었다.

이윽고 사장이 처음으로 질문했다.

"자네 세종대왕이 누구인 줄 아나?"

"그걸 모를 리가 있겠습니까."

청년은 자신 있게 대답했다.

"세종로 교통경찰이지요."

사장 이하 모든 면접위원들이 폭소를 터뜨렸다.

"그렇다면 을지문덕 장군은 또 누구지?"

"그분은 을지로 동회장이 아니던가요?"

물론 텔레비전을 시청하던 사람들도 배꼽이 빠지도록 웃어 댔을 것이다.

이 경우에 사람들이 폭소를 터뜨릴 수 있었던 것은 질문에 대답하는 텔레비전 속의 코미디언보다 자신이 똑똑하다고 느끼기 때문이다. 물론 어리석은 질문을 하는 사람보다 기발한 대답을 하는 사람이 더욱 웃음을 자아내게 한다.

S백화점의 영업부장은 점원들에게 항상 친절과 미소를 강조한다. 점원들은 언제나 손님들의 말 한마디 한마디가 대단한 의미를 가진 것처럼, 그리고 예리한 판단력에서 나온 것처럼 추켜세워 준다.

예를 들어, 고객이 어떤 옷감을 보고 "이게 영국제인가요?" 하고 물으면 "어떻게 그렇게 잘 아시죠? 저하고 직업을 바꾸셔야 되겠군요." 하면서 고객의 안목을 높이 평가해 준다. 그러면 상대방은 자연히 우월감에 젖어 만족의 미소를 짓게 되고, 그만큼 백화점을 매출은 증가하게 되는 것이다.

상대의 우월감을 자극시켜 유발하는 웃음의 효과는 크고

절대적이다. 자신이 더 우월하다는 만족감을 느끼면 기분이 좋아지고, 기분이 좋아지면 곧 웃음을 터뜨리게 되는 것이다.

과장법을 잘 이용하면
상대의 마음을 열 수 있다

일상생활 속에서 흔히 있을 수 있는 일을 확대시키거나 비약시키는 것이 과장의 패턴이다. 그러므로 보편적이고 정상적인 대화에서 지나친 과장법을 사용한다면, 이는 위선이 될 수도 있고 허풍이 되기도 해서 자칫 잘못하면 신의를 해치기도 한다.

하지만 적당한 상황에서 적절히 사용한다면 때로는 사람들의 웃음을 유발시켜, 꽁꽁 걸어 잠근 상대방의 마음을 여는 대화의 한 방법으로 큰 효과를 거둘 수 있다.

과장의 방법은 실제 존재하는 것을 응용할 수도 있고, 존재하지 않는 것을 이용할 수도 있다.

예를 들어, 야구 해설자가 투수의 구질에 대해 해설한다고 가정해 보자.

"저 투수의 공은 노인의 걸음걸이처럼 느리군요."

그러나 이런 표현은 웃음을 유발할 수 없다.

"공이 어찌나 느린지, 지금 저 공이 어느 회사 제품인지도 알 수 있겠군요."

공이 느리다 보니 공에 씌어 있는 글씨까지 보인다는 과장이다. 실제로 몇 년 전 프로야구 중계를 하던 모 해설자가 했던 이야기다.

한 샐러리맨이 다방에서 커피를 한 잔 주문했다. 그런데 종업원이 가져온 커피는 지독히도 달았다. 그는 참지 못하고 "아가씨, 이것은 설탕에다 커피를 탄 것이겠지?" 하며 빈정댔다. 이렇게 되면 커피 맛에 대한 불평이 은연중에 받아들여지는 동시에 상대에게 호감을 주기까지 한다.

언어의 표현이란 실로 무궁무진해서 똑같은 내용물이라도 어떤 그릇에 담겨 나오느냐에 따라 그 맛이 달라진다. 차분하게 표현하면 진지하게는 들리지만 설득형이 되고, 반면에 급하게 둘러대면 거짓으로 들릴 우려가 있다. 하지만 웃음과 함께 표현하면 서로의 마음을 열어준다.

조선 중종 때 대사성을 지낸 양응정은 일찍부터 유머 구사에 매우 능한 사람이었다. 아무리 거북하고 어려운 부탁을 해야 할 때라도 익살스럽게 접근해서 이내 상대의 허락을 받아냈다.

그가 어떤 고을의 수령으로 있을 때였다. 목수가 새로운 관사를 완공하여 상량식을 하게 되었다. 그는 목수가 지어놓은 집이 마음에 들지 않았기 때문에 기분이 썩 좋지 않았다.

간단한 상량식을 끝내고 시작된 잔치가 한층 무르익을 무렵, 양응정은 갑자기 과일 쟁반에 담겨 나온 잣을 하인을 시켜 관사 주변의 언덕에 심으라고 하였다. 그리고는 좌중이 다 들으라는 듯 "다음에 이 잣나무가 자라면 베어서 나의 관으로 쓰리라."고 호탕하게 말했다. 그러자 좌중의 손님 하나가 "그럼 저는 그 잣나무가 이다음에 열매를 맺으면, 그 열매를 심어 나무가 자라게 해서 관을 짜겠소." 하고 그의 말을 받았다. 그런데 마지막으로 목수가 입을 열기를 "그럼 저는 두 분께서 돌아가시면 그 나무로 관을 짜 드리리다." 하고 응수했다.

양응정과 손님은 저마다 장수하고 싶은 바람을 과장하여 말한 것인데, 목수가 한 말이 가장 그럴듯했다. 양응정은 목수에 대한 좋지 않은 감정을 버리고, 그에게 벼 다섯 섬을 내렸다고 한다.

이렇게 흔한 일상의 작은 일이라도 적절히 과장하여 말하

CHAPTER 5
위트와 유머로 센스 있는 사람이 되는 방법

면 웃음을 유발하게 된다. 중요한 점은, 한 번 웃게 되면 그 다음의 대화는 더욱 부드러워진다는 점이다. 따라서 원만한 대화를 위한 악의 없는 과장도 때때로 필요하다.

상대의 예상을 벗어난 말로
웃음을 유발하라!

사람들은 보통 예상을 벗어난 돌발적인 언행 앞에 놓이면 자신도 모르게 웃음을 터뜨린다.

영국의 하이드파크에는 독특한 정치 지망생들이 많이 모여든다. 어느 날 한 청년이 주위 사람들을 모으더니, "우리 모두 위정자들의 각성을 촉구하는 의미에서 버킹엄 궁전을 불태웁시다."라고 열변을 토했다.

사람들은 그 청년의 열변에 이끌려 구름처럼 몰려들었다. 마침내 군중이 차도를 점령하자 경관들이 출동했다. 군중은 자기들을 해산하려는 경관들을 예의 주시하면서 대치하고 있었다. 그런데 모자를 눌러쓴 경관이 한 사람 다가오더니, 심각한 얼굴로 이렇게 말하는 것이었다.

"여러분, 버킹엄 궁전을 불태우려고 생각하시는 분은 오른편으로, 그렇지 않으신 분은 왼편으로 줄을 서서 질서를 지킵시다."

그러자 사람들은 폭소를 터뜨렸다. 심각한 분위기 속에서도 이처럼 전혀 예상치 못한 말 한마디에 사람들은 긴장을 풀고 자연스럽게 웃음을 터뜨린다.

등산을 좋아하는 방송작가 오씨는 익살을 잘 부리고 항상 위트 있는 말을 하는 사람으로 방송가에서도 정평이 나 있다. 한번은 오씨가 술자리에서 사람들에게 묘한 수수께끼를 냈다.

"내가 지난번에 한라산에 올라갔을 때였지. 갑자기 찬바람이 휙 불어오더니, 싱싱한 잉어 한 마리가 내 눈앞에서 펄펄 뛰지 않겠나? 이거 웬일인가 하고 나 역시 놀라 잉어를 잡으니까 진짜 살아 있더라고. '이 깊은 산중에 잉어라니?' 나는 궁금해서 견딜 수가 없었네. 그런데 잠시 후 어디선가 '여보쇼, 여보쇼' 하는 소리가 들리더라고. 나는 기겁을 해서 잉어를 내버리고 달아났어. 난 도무지 종잡을 수가 없었네. 그런데 그게 뭘까?"

좌중에 있던 사람들은 오씨의 말에 함빡 쏠려 들어가 '그게 뭘까?' 하고 곰곰이 생각했다. 그런데 누구 하나 그것이 무엇인지 정확하게 말하지 못했다. 도대체 깊은 산속의 잉어는 무엇이며, 형체도 없는 사람이 '여보쇼' 하는 것은 또 무엇이란 말인가? 사람들의 시선은 오씨에게로 모아질 수밖에 없었다.

그런데 오씨는 빙그레 웃더니 "에구, 사람들이 순진하긴. 잘도 속는다, 잘도 속아. 그게 뭐긴 뭔가? 바로 어제 밤 내 꿈이지." 하는 것이 아닌가. 좌중은 모두 너무나 엉뚱하고 싱거운 결말에 어이가 없어 웃음만 터뜨렸다.

이처럼 상대가 전혀 예상치 못한 상황을 만들어 웃음을 유발하려면, 우선 상대방에게 결과에 대한 암시를 던져주어야 한다. 이 암시에 의해 상대는 자기 나름대로 어떤 결론을 내리고 그 결과를 기대하다가, 순간적으로 상황이 반전되면 웃음을 터뜨리는 것이다.

한 번의 실수를
연이은 실수로 무마시켜라!

실수는 누구나 할 수 있는 것이지만, 막상 누군가가 나에게 실수를 하면 이해할 수는 있지만 기분이 별로 좋지 않다. 그러나 똑같은 실수가 계속 이어지면 아무리 강심장의 소유자라고 해도 웃지 않을 수가 없다. 처음에는 고의적으로 저지른 잘못으로 오해할 수 있으나 같은 실수를 또 하는 것을 보게 되면, 악의가 없고 고의적인 것이 아님을 알 수 있기 때문이다.

사정이 급해 '숙녀용'이란 팻말을 보지 못하고 공중 화장실에 뛰어든 청년이 노크도 없이 화장실 문을 와락 열어젖혔다. 그런데 이게 웬일인가. 거기에 공교롭게도 한 아가씨가 한창 일을 보고 있는 것이 아닌가. 엉겁결에 문을 도로 닫은 청년은 미안하기도 하고 당황스럽기도 해 어쩔 줄을 모르다가, 사과를 한답시고 다시 문을 열어 "이거 정말 미안하게 됐습니다." 하고 꾸벅 인사를 했다.

이쯤 되면 어지간한 실수가 아니다. 본의 아니게 그 청년은 한 번도 아니고 두 번이나 연속해서 실수를 저지른 셈이다. 화장실 안의 아가씨는 처음에는 어이가 없고 불쾌했으나, 또다시 실수를 되풀이하는 청년의 엉뚱함에 그만 웃음을 터뜨리고 말았다.

텔레비전 아나운서가 시간이 다 됐음을 알리는 사인을 받고 당황한 나머지 "아, 시간이 다 되었군요. 그만하랍니다. 그럼." 하고 말했다. 그런데 아직 15초쯤 남았다는 프로듀서의 황급한 사인을 재차 받고는 "아, 시간이 남았다는군요. 그럼 재미있는 프로를 소개해 드리겠습니다." 하고 잠시 음악회를 소개하다가, 시간이 다 되었다는 마지막 사인을 받자 "뭐, 이런 것들입니다. 그럼 안녕히 계십시오."라고 말했다. 시청자는 물론 그 프로듀서까지도 배를 잡고 폭소를 터뜨렸다.

아나운서는 거듭되는 실수를 감추려 하지 않고 있는 그대로 인정함으로써 재치 있게 위기를 넘겼다.

계속되는 실수로 웃음을 유발하기도 하면서, 같은 실수를

여러 번 되풀이할 때마다 실수를 진솔하게 인정함으로써 실수
도 무마하고 사람들에게 웃음을 안긴 것이다.

황당한 논리로 유쾌함을 주어라!

사람들은 상대의 말이 이치에 맞으면 지극히 당연하다고 생각하기 때문에 잘 웃지 않지만, 억지 논리를 전개하면 그 황당무계한 얘기에 웃지 않을 수가 없다.

수주 변영로 선생의 재미있는 일화가 있다.

한국전쟁으로 모두 생활이 어려울 때, 부산으로 피난 갔던 수주는 항상 얼큰하게 취해 다녔다. 하루는 그의 친구가 "여보게, 자네는 주머니가 넉넉하지도 않을 텐데, 돈이 어디서 나서 그렇게 술을 마시나?" 하고 물었다. 수주는 "돈? 돈이 어디 있어, 얻어먹는 거지." 하면서 기분 좋게 중얼대는 것이었다.

수주에게는 술 얻어먹는 비결이 있었다. 그는 거리에서 제자들을 만나면 어김없이 "여보게, 나 오늘 생일인데 한잔 안 하겠나?" 하고 말하곤 했다. 그러면 제자들은 주머니를 털어 스승에게 술을 사주었다.

그러던 어느 날, 수주의 제자들이 한자리에 모이게 되었다. 그들은 이런저런 얘기를 주고받다가 선생의 거짓말을 눈치 채게 되었다. 그들 중 대부분은 한 번쯤 선생에게 생일 술을 대접했던 만큼 수주 선생의 이야기가 나오게 되었고, 그렇게 해서 그만 거짓 생일이 들통나고 만 것이다.

제자들은 수주를 찾아가 이구동성으로 "선생님, 어떻게 저희들을 속일 수가 있습니까?" 하고 불평을 늘어놓았다. 그러나 수주는 여전히 얼굴색 하나 변하지 않고 태연하게 말했다.

"이보게들, 이 전쟁 통에 이렇게 숨을 쉬고 있는 날은 모두 살아 있는 생일이지, 그럼 죽은 날이란 말인가?"

추궁하던 제자들은 배꼽을 잡고 웃으면서 "역시 선생님은 다르시다."는 말을 되풀이했다고 한다.

이 세상에는 실제로 부조리한 것들 천지다. 우리가 부조리의 정체를 실감하지 못할 뿐이지 도둑과 경관의 공존도 부조리요, 소설가와 평론가가 공존하는 것도 실상은 부조리다. 그러나 사람들은 그러한 부조리를 인식하지 못하고 산다. 그렇기 때문에 부조리를 지적하면 비애감을 느끼면서도 웃음을 촉발하는 것이다.

앞집 뒷집에 도둑이 들어 불안한 나날을 보내는 부부가 있었다. 아내는 남편에게 밤마다 불침번을 서라고 강요했다. 그렇지 않아도 겁쟁이인 남편은 와락 겁이 나서 전전긍긍하고 있었다. 그러나 다음 순간 무슨 생각인지 팔을 걷어붙이더니 방문을 열고 나가는 것이었다. 잠시 후 회심의 미소를 지으며 들어오는 남편을 붙잡고 아내가 물었다.

"여보, 그래 도둑을 잡았어요?"

"아니, 그러나 도둑이 들어올 염려는 없으니까 안심하고 자구려."

아내는 남편의 장담이 이상해서 방문을 열고 나가 보았다. 그런데 웬걸, 대문이 모조리 박살이 나 한쪽 편에 쌓여 있는 것이 아닌가. 아내는 어이가 없어 남편을 다그쳤다.

그러자 남편이 대답하길, "여보, 앞집 뒷집 돌아다니며 물어보았더니 대문을 아무리 잘 잠가도 도둑이 열고 들어왔다고 합디다. 그런데 우리는 대문이 없으니 제가 아무리 기술이 뛰어나도 들어올 재간이 없잖소?" 하더라는 것이다.

너무도 황당하여 논리적으로는 도저히 설명할 수 없지만, 바로 그 어이없는 논리가 사람들의 허를 찔러 웃게 만드는 것이다.

웃음으로 실수를 감싸라!

길을 걷다가 앞서가는 사람으로부터 이상하고도 무거운 텔레파시를 느낀다. 선뜻 '이상한걸.' 하면서 다시금 살펴보니, 그는 내가 그렇게도 찾아다니던 조씨였다. 나는 반가움에 뛰어가 그의 어깨를 툭 치며 "조 형!" 하고 부른다.

그러나 다음 순간, 뒤돌아보는 그 사람은 전혀 모르는 사람이다. 궁지를 모면할 길을 찾지 못한 끝에 할 수 없이 웃음으로 그 상황을 모면하기로 하고 "하하하" 하며 웃어버린다.

누구나 이와 비슷한 경험을 한 번쯤은 가지고 있을 것이다. 그럴 때 실수를 인정하고 유쾌한 웃음과 함께 사과한다면, 엉문을 모르고 당했던 상대방도 금세 착각에 의해 저질러진 실수임을 알아차릴 수 있을 것이다.

링컨이 어느 날 대통령 관저 앞에서 작업복을 입고 모자를 눌러쓴 채 잡초를 뽑고 있는데, 어느 주지사가 방문했다.

링컨의 얼굴을 잘 알지 못하는 주지사는 잡초를 뽑고 있는 링컨에게 거만스레 "대통령께선 안에 계신가?" 하고 물었다. 그렇다고 대답한 링컨은 곧 "잠시 기다리십시오." 하고 들어가더니, 이내 다시 옷을 갈아입고 나와 주지사를 영접했다.

주지사는 당황할 수밖에 없었다. 대통령 관저를 지키는 수위쯤으로 알았던 사나이가 대통령이었으니, 그가 당황하는 것도 무리는 아니었다. 그러나 두 사람은 이내 웃음으로 어색한 분위기를 해소했다.

착각과 착오는 웃음을 유발한다. 우리가 코미디언의 행동을 보고 웃게 되는 것도 마찬가지다.

고전 영화 「모던 타임스」에 나오는 채플린의 연기를 보면 폭소를 터뜨리지 않을 수 없다. 공장에서 나사 조이는 일을 하는 사람이 버스 안에서 앞 사람의 단추를 나사로 오인하고 연신 나사를 돌리는 흉내를 내는 장면을 보면, 웃지 않을 사람이 없을 것이다.

요즘 거리에 나가 보면 귀고리를 하고 화장을 한 긴 머리의 남자들을 많이 볼 수 있다. 치렁치렁한 머리카락은 여자의 머릿결 못지않게 매끄럽다. 이런 긴 머리카락 때문에 웃지 못할 넌센스도 많이 일어난다.

앞에 가는 긴 머리의 청년을 보고 "야, 저 여자 머릿결은 남자 같다."고 했다가 무안을 당하여 깔깔대는 아가씨들도 있고, 긴 머리 때문에 '금년 서른'이라는 농담을 들은 60대의 예술가도 있다.

착오로 인한 실수는 쉽게 사람들의 웃음을 유발한다. 상대방의 실수를 보며 우월감을 느끼거나, 혹은 전혀 예상치 못한 뜻밖의 일을 만나 황당하기 때문이다.

유머가 빛을 발하는
순간을 잘 포착하라!

불안과 긴장의 순간에는 누구든지 기분을 전환하려고 애쓰지만 쉽게 마음을 가라앉히기가 힘들다. 인간에게는 두려움이라는 선천적인 공포가 항상 존재하기에, 언제든지 주위 환경에 이상이 나타나면 공포와 긴장 때문에 불안에 떨게 되는 것이다.

유머와 위트는 이러한 상황을 잠시 잊고 긴장을 풀어주는 청량제이다. 사람을 웃긴다는 것은 매우 어려운 일이다. 하지만 한마디의 유머는 공포를 없애주고 긴장을 풀어주는 데 절대적인 효과를 나타내기 때문에, 웃길 수만 있다면 최고의 화술을 지녔다고 해도 과언이 아니다.

『아이디어 화술』의 저자 마에다의 일화 중에 이런 이야기가 있다.

마에다가 하와이발 일본행 여객기에 탑승했을 때였다. 기내에는 미국인 남자와 그의 일본인 부인이 아이와 함께 탑승해 있었다. 그들은 아이의 생일을 외갓집에서 보내기 위해 가는 길이었다.

그런데 갑자기 기장의 안내 방송이 흘러나왔다.

"피로한 여행 중에 대단히 죄송한 말씀이지만, 비행기 제2엔진의 제너레이터가 고장이 나서 부득이하게 하와이로 다시 돌아가야겠습니다."

마에다를 비롯한 모든 승객들이 불안에 휩싸였다. 마에다는 어쩔 수 없이 비행기가 하와이로 되돌아가야만 될 상황이었기 때문에 비행기 안에서 생일을 맞게 된 꼬마가 매우 안쓰러웠다.

그는 승객들을 돌아보며 말했다.

"자, 우리 모두 꼬마의 생일을 축하해 줍시다. 비행기 안에서 생일을 맞게 된 가엾은 꼬마입니다."

그러자 비행기 안에서 생일 축하 노래가 울려 퍼지기 시작했다. 모두들 불안한 마음을 잠시 접어두고, 천진스런 표정을 짓고 있는 꼬마를 위해 기꺼이 생일 축하 노래를 불렀다.

그로 인해 잠시 기체 결함에 대한 불안이 사라지자 마에다

는 그 틈을 이용하여 다시 "여러분, 제가 생각하기에는 비행기가 하와이로 되돌아가는 것은 엔진 고장 때문이 아닌 것 같습니다. 사실은 이 비행기의 기장이 악성 설사병에 걸렸나 봅니다. 기장으로서 미안하고, 또 도쿄로 가고는 싶지만 도저히 참고 갈 수가 없어 다시 하와이로 돌아가려는 것일 거예요." 하며 승객들을 웃겼다.

그렇지 않아도 꼬마의 생일을 축하하면서 긴장과 불안을 잠시 잊고 마음의 안정을 찾던 승객들은 그의 유머에 웃음을 터뜨렸고, 그 사이 여객기는 순조롭게 하와이에 안착했다.

마에다의 이야기에서 알 수 있듯이, 평상심을 벗어난 인간의 모든 불안·초조·긴장 등의 심리는 일단 그것을 밖으로 표출시켜 폭소화하면 아무런 심적 부담을 주지 않는다.

철학자 안병욱 교수는 "불안은 우리의 생명과 생활이 어떤 위협을 당했을 때 느끼는 감정이다."라고 인간의 불안 심리를 설명했다.

우리의 모든 생활은 언제나 위험에 노출되어 있으며, 그것을 피부로 절감하기도 한다. 이런 긴장의 순간에 터지는 웃음은 마음의 불안을 말끔히 해소해 준다. 유머가 빛을 발하는 순간도 바로 이때이다.

CHAPTER 5
위트와 유머로 센스 있는 사람이 되는 방법

나의 가치를 높여주는 대화법

초판 1쇄 발행 1999년 3월 15일
초판 45쇄 발행 2003년 7월 20일
개정1판 21쇄 발행 2006년 9월 16일
개정2판 15쇄 발행 2013년 11월 20일
개정3판 8쇄 발행 2018년 7월 5일
개정4판 1쇄 발행 2023년 4월 18일

지은이 안은표
펴낸이 김형성
펴낸곳 (주)시아컨텐츠그룹
책임편집 강경수
디자인 공간42

주소 서울시 마포구 월드컵북로5길 65 (서교동), 주원빌딩 2F
전화 02-3141-9671
팩스 02-3141-9673
이메일 siaabook9671@naver.com
등록번호 제406-251002014000093호
등록일 2014년 5월 7일

ISBN 979-11-88519-42-2 [03190]